먼저 들어라

말 잘하는 사람은
절대 이길 수 없는
듣기의 전략

후쿠다 다케시 지음 | **구혜영** 옮김

먼저
들어라

살림Biz

사람은 저마다 다양한 생활의 장을 가지고, 각자의 입장에서 이야기를 하면서 살고 있다.

직장에서는 상사나 부하나 동료 혹은 거래처 담당자와 매일이다시피 협상이나 상담을 하고 있으리라. 또 오며가며 이웃집 사람과 이야기를 나누는 경우도 있을 것이고 아파트 관리조합의 임원으로 한동네 주민들과 격론을 벌이는 일도 있을 것이다. 혹은 청소년 야구나 축구팀의 코치로서, 아이들의 지도자나 자치회 모임의 임원으로서 중요한 역할을 맡고 있거나, 봉사그룹의 주도적인 역할을 담당하고 있는 사람도 있을지 모른다.

가정에서는 다루기 힘든 아이들의 아버지와 어머니로서 고생을 하고 있을지도 모르고, 말 많거나 너무 무뚝뚝한 아내 혹은 남편 때문에 신경을 쓰면서 지내고 있을지도 모른다.

그리고 때로는 상사에게 주의를 받거나, 애인에게 잘못을 지적받거나, 우리 아이에게 싫은 소리를 듣거나, 혹은 고객으로부터 클레임을 받거나, 곁에 있는 아내가 듣고 싶지도 않은 남의 이야기를 퍼붓기도 한다.

이러한 생활 속에서 서로 쾌적하게 살기 위해서는 의사소통을 부드럽게 해야 한다. 그리고 그러기 위한 가장 중요한 요소는 제대로 듣는 힘을 몸에 익히는 일이다.

우리는 잘 말하는 일에는 열심이여도, 제대로 듣는 일에는 자칫 마음을 쏟지 않는데, 이것은 큰 잘못이다.

왜냐하면 좋은 선배, 좋은 이웃, 좋은 가족의 일원으로서 의견을 교환하거나, 상담을 할 때에는, 교묘한 화술로 부하나 동료, 아이를 설득하는 일보다, 상대가 하고 싶어 하는 말, 무슨 고민이 있는지 파악하는 일이 먼저 이루어져야 하기 때문이다. 우선 상대방이 하는 말을 제대로 듣고, 망설임이나 고민을 정확하게 파악하는 일부터 시작해야 할 것이다.

제대로 듣기 위해서는, 첫 번째로 상대방이 하는 말에 제대로 귀를 기울이고, 말의 의미를 정확하게 들어야 한다. 대수롭지 않게 묻는 기술도 필요하리라.

듣는 일은 수동적, 소극적인 행위라고 단정하기 쉽지만, 이 책에서는 듣는 일이 얼마나 능동적이고 적극적인 의미를 가지고 있는가를 설명한다. 사실 사회적으로 성공하고, 명성을 얻고 있는 사람이나 매력적인 사람을 보면 결코 술술 말하는 사람이 아니다.

일례를 들면 다양한 업계의 톱 세일즈맨이라고 일컬어지는 사람에게는, 웅변가보다 어눌하고, 오히려 말이 서툰 느낌의 사람이 적지 않다. 하지만 그 사람들을 관찰하면 타인의 말에 제대로 귀를 기울일 줄 아는 사람이라는 사실을 알 수 있다.

이 사람들은 상대방이 무엇을 말하고 싶은지 제대로 듣는 힘을 가지고, 나아가서는 무엇을 원하고 있는지를 잘 이끌어내는 힘을 가졌다. 듣는 힘에 의해서 상대방의 기대에 부응하고, 신용을 쌓고, 귀중한 정보도 수집하는 좋은 순환을 만들어낸다.

이러한 예를 구체적으로 보이면서, 말을 잘 듣는 사람이 되기 위한 방법론을 해설한다.

또 이 책은 학교나 병원 선생님, 컨설턴트, 혹은 스포츠 경기 코치 등은 물론, 일반기업이나 상점에서 일하는 사람, 혹은 주부를 의식하며 썼다. 이야기하거나 듣는 일은, 우리 모두의 일상이기 때문이다.

생각해보면 '말하기 교실'은 있는데 '듣는 교실'은 눈에 띄지 않는다. 그 이유는 무엇일까?

첫 번째는 말하는 것은 어렵고, 듣는 것은 간단하다는 큰 오해가 있기 때문이다. 두 번째는 가르치는 일이 어렵기 때문이다. '말하기'의 경우는, 조금 이야기를 시켜보는 일로, 테마를 선택하는 방식이나 이야기의 스피드, 억양 등에 대해서 지도가 가능하다. 하지만 듣는 방법에 대해서는 무엇을 체크 포인트로 하면 좋은지조차 알기 어렵다.

필자는 오랜 세월 '화술 연구소'를 주재해왔다. 그렇다면, 명색이 화술의 전문가가 왜 듣는 방법에 관한 책을 쓴 걸까. 이제는 듣는 일이 더 중요시 되는 시대가 되었다고 확신하기 때문이다.

인간에게는 입은 하나밖에 없는데, 귀는 두 개 있다. 말하는 것 이상으로 듣는 일이 얼마나 중요한지 여기서도 엿보이지만, 말하기 위해서는 먼저 들어야만 한다. 거기서부터 시작해서 말 잘 듣는 방법, 이야기를 이끌어내는 방법 등, 말하는 것을 연구해왔기 때문에 비로소 보이게 된 듣는 기술의 요점이 있다. 말을 잘 듣는 사람이 주인공이 되는 시대가 다가왔음을 예감시키는 지금, 그 듣기 전략을 많은 사람에게 전하고 싶다.

주식회사 화술 연구소 회장
후쿠다 다케시

제4장 화자의 기분까지 헤아리는 기술

제5장 이야기를 끄집어내는 질문의 기술

제6장 상황별 듣는 방법의 하이 테크닉

제7장 성공한 사람들의 '현명한 귀'

제1장 유창한 화술보다 강한 듣기의 매력

말을 잘 들으면 주변이 행복해지고, 그 행복이 자신에게도 되돌아온다. 또한 좋은 정보가 들어오기도 하고, 사람을 키우는 힘도 생기게 되는 등, 말을 잘 듣는 사람에게 주어지는 장점은 헤아릴 수 없다.

1. 이야기를 잘 듣는 사람에게는 정보가 모인다

■■ 정보가 모이는 이유

우표수집가에게는 우표가 모인다. 마찬가지로 책을 좋아하는 사람에게는 책이 모인다. 왜 그럴까.

일단 자신이 책을 좋아해서 모으기 때문이다. 그리고 주변 사람들이 책을 좋아한다는 사실을 알고 선물해주기 때문이다. 여기서 중요한 점은 선물을 받았을 때 감사해하기 때문에, 주위 사람이 더욱 선물해주고 싶은 마음이 생긴다는 것이다.

이야기를 잘 듣는 사람에게 정보가 모이는 이유도 이와 같다. 그 사람이 이야기를 듣는 일을 좋아하고, 뭔가 정보를 들었을 때, "정말 멋진 정보다, 기쁘다." "귀중한 소식을 전해줘서 고마워." 하고 기쁨을 표현하기 때문이다.

누구라도 자기가 하는 이야기를 열심히 기쁘게 들어주는 사람에게는 가장 먼저 전달하고 싶어진다. 반대로 모처럼 좋은 정보를 가르쳐주거나 전달해주었는데, "알았다." 하는 정도의 무뚝뚝한 한마디만 돌아온다면 다시는 전달할 마음이 생기지 않는다.

정보 속에는 그다지 좋지 않은 내용이 들어 있을 수도 있다. 말하는 사람 입장에서 곤란할 수 있는 것도 있다. 그렇기 때문에 더욱더 '잘 알려주었다.' 하고 상대방의 노력을 높이 사고 말하기 힘든 이야기를 전해준 것에 대해 고마운 마음을 표시해야 한다. 이러한 사람에게 정보가 빨리 모이는 것이다.

■■ 정보를 얻으면 답례를 한다

어떠한 이야기를 들었는데 아무런 반응 없이 가만히 있는다면? 이렇게 해서는 보나마나 일방적인 커뮤니케이션으로 끝날 수밖에 없다. 수신에는 발신이 따르게 마련이다. 정보가 모여드는 사람은 바로 이 '발신'을 게을리 하지 않는 사람이다. 즉 '답례'가 필요하다는 것이다.

답례의 첫 번째 방법으로는, 들은 이야기에 대해서 자신의 의견을 말하는 것이다. 가령 "그 이야기는 각도를 바꾸면 이러한 문제로도 발전하리라 생각한다." 등과 같은 것이다. 두 번째로 보고에 대해서는 지시, 충고를 해주는 일이다. "다음번에는 상사를 설득하기 쉽도록 자료를 지참하면 좋겠네요."와 같은 식으로 말이다.
세 번째는 정보제공이다. 예전에 지인에게 책을 소개했더니, 3일
후에 답장과 함께 다른 재미난 책을 소개해준 적이 있다.

　이러한 사람들에게는 자연스레 정보가 모인다. 게다가 그렇게
주어진 생생한 정보는 신선하고, 또한 정말 자신에게 필요한 정보
인 경우가 많다는 것을 잊지 말자.

2. 인간관계의 폭이 넓어진다

■■ **말을 잘 듣는 사람의 주변에는 사람이 모인다**

모임에는 수십 명의 사람들을 바탕으로 '인간 고리'가 생긴다. 그리고 그 가운데에는 대개 중심이 되는 인물이 있다.

때로는 그 인물이 혼자서 떠들어대고 모두를 끌어들이는 경우도 있는데, 대부분은 모든 사람의 이야기를 잘 들어주는 사람이 중심이 되고 있다. 중심이 되는 사람은 기본적으로 상대의 말을 잘 듣고, 말하는 사람의 이야기에 맞장구를 치거나 질문을 하고, 다른 멤버에게 이야기를 돌리거나 가끔은 스스로도 화제를 제공하면서 모두를 리드한다. 즉 모인 사람들은 알고 보면 말을 잘 듣는 사람에게 리드당하며 이야기한다.

인간은 타인의 이야기를 듣기보다는 스스로 이야기하는 쪽을 좋아하는 동물이다. 파티 같은 자리에서도 대부분의 사람들은 마음속으로는 자신의 이야기를 들어줬으면 하고 생각하고 있다. 따라서 이야기를 들어주는, 그것도 제대로 들어주는 사람이 있다면, 당연한 말이겠지만 그 사람 주위에 사람이 모여드는 것이다.

내가 주재하는 연구소의 '말하기 강좌'에서는 참가한 멤버들이 서로의 이야기를 열심히 듣는다. 참가한 사람들은 다른 사람들이 자신의 이야기를 제대로 들어줘서 만족하고, 자신감을 얻고 돌아간다. 따라서 '듣기 강좌'라고 바꿔 말해도 좋을 것이다.

■■ 상대는 나에게 없는 것을 가지고 있다

인간관계는 우리의 삶에서 절대 빼놓을 수 없을 정도로 중요하다. 동시에 번거롭기도 하다. 아마 가능하다면 사람을 사귀는 일과 같은 것은 결코 하고 싶지 않다고 하는 사람도 있을 것이다.

왜냐하면 상대가 자신과 다른 존재이기 때문이다. 의견이 다르고 느끼는 방식이 다른 사람들끼리 자신의 생각만을 일방적으로 주장한다면 그것은 언쟁이 되고 만다. 그렇다고 상대에게 맞추기만 하면 지치게 마련이다.

이럴 때 이야기를 진지하게 들어줄 수 있는 사람은 자신과 다른 상대의 의견에 흥미를 갖고 열심히 귀를 기울이려고 한다. 그들은 결코, 사고방식이 다른 사람의 이야기 따위를 들어봤자 소용없다는 식의 태도를 취하지 않는다. 이것이 가능한 자가 '진정한 어른'이며, 말을 잘 듣는 사람이다.

듣는다는 행위는 상대방의 이야기를 받아들이는 일이다. 그때 말을 잘 듣는 사람은, '타인은 자신에게 없는 점을 가지고 있다.'는 생각을 갖고 있다. 자신에게 없는 것을 흡수하려고 하기 때문에 열심히 이야기를 들을 수 있는 법이다.

3. 일의 요령이나 삶의 지혜를 얻는다

■■ 소박한 질문으로 보물을 얻다

'질문은 삶의 보물을 얻는 것.'

이 말은 나의 스승이자 만담가인 산유데이 엔소에게서 들었다.

　"질문하는 순간은 수치스러운 순간."이라고 말하는 사람들이
있는데 이는 잘못된 것이다. 이런 이야기를 들었다면 엔소 선생님
은 질문으로 얻을 수 있는 지식이나 지혜는 평생의 보물이라고 말
씀하셨을 것이다.

　말을 잘 듣는 사람이란 '자신이 알고 있고 할 수 있는 일은 누
구나 가능한 것'이라는 생각을 항상 하고 있는 사람이다. 따라서
열심히 남의 말을 들으려고 한다. 다른 사람이 말하는 것을 이해하

려고 노력하고, 지식이나 지혜를 흡수하려고 노력한다. 그러면 화자도 열심히 말할 의욕이 솟구치고, 여러 가지 이야기를 떠들어댄다. 즉 말을 잘 듣는 사람은 일의 요령이나 살아갈 지혜 등을 화자로부터 듣고 자신을 키우는 것이다.

'나는 머리가 좋다, 뭐든지 알고 있다.' 고 철석같이 믿고 있는 사람은, 까딱하면 남의 말을 들으려고 하지 않는 법이다. 하지만 이러한 사람들도 한때는 소박한 질문을 연발하고 주위 사람들을 곤란하게 만들었을 것이 틀림없다. 사실은 어른조차 모르는 일투성이다. 때문에 말을 잘 듣는 사람이 되어서, 안테나를 곳곳에 높게 뻗쳐놓는 것이 현명하다.

■■ 말을 잘 들어주는 사람은 포기하지 않는다

듣고 이해할 수 없는 이야기가 있다. 하지만 들은 시점에서 팍 와 닿지 않더라도 시간이 지나면 자연스레 알게 되는 일이 매우 많다.

'초보적인 진리일수록 쉽게 이해할 수 없다. 그리고 그러한 사실을 알아차리는 데는 시간이 걸린다.'

이러한 명언도 있다. 말을 잘 들어주는 사람이 되어서 보물을 손에 넣는 일에는 끈기가 필요하다.

모르는 일이 있는 경우, 그것을 물어볼 사람과 물어볼 사람을 알고 있는 사람, 이렇게 두 사람이 있다면 이들의 이야기를 듣는 것이 가장 좋다.

여담이지만 세상에는 머리가 참 좋다고 생각되는 사람이 많이 있다. 그러한 사람이 남의 말까지 잘 듣는다면 보통 사람과 차이가 너무 나게 된다. 머리가 좋고 남의 말을 잘 듣는 사람이 경계되는 것은 그러한 연유일지도 모른다.

4. 상대의 불만을 활용할 수 있다

■■ **귀에 따가운 이야기일수록 마음으로 듣는다**

칭찬을 들으면 기쁘고, 자신감으로도 이어진다. 반면 방심하다가 큰코다치기도 한다.

어느 잡지의 방문판매를 하고 있던 지인에게 들었는데, 잡지를 보고 "좋은 내용이네요."하고 칭찬해주었던 손님치고 구매하는 사람은 극히 드물다고 한다.

인간은 어떠한 상황을 자신에게 유리하게 받아들이는 습성이 있어서 손님이 한 칭찬의 말이 거절을 의미하는 경우가 많다는 사실을 좀처럼 알아차리지 못한다. 오히려 헐뜯거나 타박을 주거나 불만을 토로하는 손님이 의외로 상품을 구입하고 주문을 한다. 가장 의외라고 느껴지는 것은 불만을 듣는 쪽이고, 말하는 쪽은 기대나 관심이 있기 때문에 불만을 입에 담는다.

대부분의 불만에 대해서도 똑같다고 말할 수 있다. 상품이나 서비스에 불만이 있기 때문에 손님은 불만을 말한다. 불만이란, 기대가 있기에 생기는 부족한 감정이다.

어느 날 나리타공항의 세관으로, 긴자에서 보석 수입업을 운영하는 여사장의 불만 가득한 전화가 걸려왔다. 세관이 천 원 정도 계산을 잘못한 것이었다. 벌써 두 번째 있는 일이었다. 첫 번째는 잠자코 있었는데, 두 번씩이나 틀리다니, 정신 좀 똑바로 차리라는 내용의 전화였다.

전화를 받은 직원은 "일부러 전화를 주셔서 감사합니다. 앞으로 충분히 신경 쓰겠습니다. 정말 죄송합니다." 하고 진심으로 사과했다.

그는 여사장이 질책하는 말 속에, 자기들을 신뢰하고 있기에 질타하고 격려하고 있다는 뉘앙스를 느꼈던 것이다. 불만의 목소리를 듣는 경우, '시끄러운 사람이네. 전화세가 더 많이 나오겠다.' 하는 듯이 받아들이는 태도는 절대 취하지 않았으면 좋겠다.

■■ 불만은 귀중한 정보다

불만을 좋아하는 사람은 없다. 정직하게 말해서 누군가로부터 불만을 들으면 마음이 무겁고 화가 날 때도 있다. 하지만 이럴 때 말을 잘 듣는 사람은 자신의 시각을 바꾸려고 한다.

불만을 말해오는 손님은 난감해하고 있다. 그들은 이쪽에서 알아차리지 못한 불편함을 지적하는 것이다. 따라서 불편해소를 위해서 신상품을 개발하는 일로 이어지는 힌트를 제공하고 있다고 생각하라. 일본 화물운송 업체인 야마토 트랜스포트는 '골프 택급편, 쿨 택급편, 시간지정 서비스'와 같은 택배계의 여러 히트 상품과 서비스를 고객의 불만을 힌트 삼아 개발해낸 것이다.

성장하는 회사와 같이 성장하는 사람은 말을 잘 듣는 사람이라고 말할 수 있다.

5. 대화를 잘하는 사람이 될 수 있다

■■ 대화의 비결은 대답

대화는 캐치볼에 곧잘 비유된다. 캐치볼은 상대가 받아들이기 쉬운 곳으로 볼을 던지는 것이 요령이다. 볼이 빗나가서 서로 "제대로 던져요." "그쪽이야말로 제대로 받으라고요." 하는 등 불평의 말을 주고받는 일은, 캐치볼이 서툰 사람들에게서나 나타나는 현상이다.

대화를 다른 견해에서 생각하면, 탁구에도 비유될 수 있다. 탁구를 배우기 시작한 지 얼마 안 되었을 무렵, 시합에 지지 않는 요령은 '받아치기'에 있다고 배운 적이 있을 것이다.

"강한 볼을 받아치거나 하면, 보기에는 화려하고 모양새가 좋지만 그것으로 만족하고 있으면, 상대에게서 돌아오는 볼에 대한 준비가 덜 되어서 반격하지 못하고 지고 만다."

상대가 볼을 받아치더라도 볼이 가는 방향을 잘 보고, 반격해 가면 게임은 지속되고, 점수를 뺏기는 일은 없을 것이다. 대화도 이러한 탁구와 닮았고, 듣는 입장이 되었을 때에 얼마나 상대방의 말을 제대로 듣고 나서 되받아치는가가 중요하다.

■■ 대답하는 데는 두 가지 방법이 있다

대답하는 방법에는 두 가지가 있다. 첫 번째가 각도를 바꾸고 되받아치는 것이고 두 번째가 맞장구를 치고 되받아치는 것이다.

각도를 바꾼다고 해서 기발하게 되받아치는 것을 너무 의식하면 잘되지 않는다. 침착하게 상대가 하는 말을 들은 다음에 한마디를 되받아치는 것이 요령이다.

정월에 길거리에서 나의 주치의와 딱 마주쳤을 때의 일이다. "새해 복 많이 받으세요."라고 인사하자, 의사도 한마디 거둔다. "올해도 잘 부탁합니다."라는 말이 되돌아오고, 다음과 같은 대화를 주거니 받거니 했다.

"의사 선생님께서 잘 부탁한다는 말씀을 하시니 어떤 생활을 해야 하는 건가요?"

"그렇네요. 그럼, 장수하시기를 바랍니다."

이런 정도의 대답으로 대화는 즐거워진다.

맥주를 한입에 털어놓은 상대가 "맛있다."고 말했다. 여기서는 "정말 맛있네요." 하고 맞장구를 치는 것만으로도 충분하다. 주의를 환기시킬 셈으로 "맥주는 첫잔이 최고지요." 따위의 말로 선수를 치지 말자. 이것은 상대가 할 대사이기 때문이다.

말을 잘 듣는 사람은 상대방이 말하는 것을 기다린다. 화자가 말하려는 것을 선수쳐서 되받아치는 사람이 있는데, 이는 이야기의 요체를 자르는 꼴이 되며, 자칫 분위기가 깨지는 일조차 생길 수 있다.

6. 사람을 키우는 일에 능숙해진다

■■ **잘 듣는 사람이 갖는 영향력은 크다**

말을 할 경우, 눈앞의 상대는 신경이 쓰이는 존재다. 메일 교환이 편한 이유는 눈앞에 상대가 없기 때문이다.

이야기를 듣는 경우는 어떨까. 자신이 어떤 자세와 태도로 듣고 있는지, 생각해본 적이 있는가. 이야기를 듣고 있는 자신의 모습이 말하는 사람의 눈에 어떻게 비출지 혹은 이야기를 할 때만큼 신경 쓰지 않고 있는 것은 아닌지 생각해볼 필요가 있다.

"남의 말은 열심히 듣는 편이지만, 내가 어떤 태도로 듣고 있는가 하는 정도까지는 생각해본 적이 없었다. 하물며 이야기를 듣고 있을 때의 표정이 말하는 사람에게 크게 영향을 끼칠 것이라고는 알아차리지 못했다."

위와 같은 말을 하는 사람이 매우 많다. 친한 상대라도 당신이 눈을 두리번두리번 거리면서 들으면, "제대로 듣고 있는 거야?" 하고 기분이 언짢을 것이다. 만약 말하는 사람이 자신감이 없는 사람이라면 더욱 횡설수설할 것이다. 특히 부모, 선생님, 상사 등 사회적으로 입장이 위인 사람이 어떻게 듣는 태도를 취하는가는, 말하는 사람에게 중대한 영향을 미친다. 이 정도 얘기하는 것으로도 듣는 것이 갖는 힘의 크기가 어느 정도인지 이해가 가겠지만, 우리는 듣는 사람의 입장이 되었을 때 자신의 태도를 좀더 자각하는 편이 좋다.

말을 잘 듣는 부모에게서 자라난 아이는, 정서가 안정되고 솔직한 인간으로 자란다고 한다. 반대로 부모가 너무 바쁘거나 해서 아이의 말에 귀를 기울이지 않으면, 아이는 내면으로 틀어박혀서 부모와 이야기를 하지 않게 되기 쉽다고 한다.

수긍하거나 맞장구를 치거나 질문을 하며 듣는 일 자체가 사람을 키우는 작용을 한다. 그것에 의해서 상대방은, 자신이 관심을 받고 있으며 필요한 존재로 인정받고 있다는 사실을 실감하고 의욕과 자신감을 가질 수 있게 된다.

■■ 질문으로 상대방을 자극한다

말을 잘 듣는 사람은 듣고 받아들이는 일과 함께 끊임없이 질문을 해서 말하는 사람으로 하여금 생각하게 만든다. 질문에 자극을 받고 말하는 사람은 "거기까지는 생각하지 못했는데, 분명히 그런 점은 문제네요. 속히 조사해보겠습니다." 하고 한걸음 전진하게 된다. 적절한 질문은 사람을 키우는 일도 가능하다.

7. 상대의 기분을 읽을 수 있다

■■ **눈에 보이지 않는 것을 본다**

세상에 '나는 남의 기분을 읽을 수 있다.' 하고 단언할 수 있는 사람이 있을까. 이것은 어려운 일일 게다. 그렇다고 해서 그것이 무리한 일이라고 속단하는 일도 옳지 않은 듯하다.

그럼 어떻게 하면 좋을까.

상대의 기분이나 마음은 눈에 보이지 않는다.

'이것이 나의 기분이다.' 하고 형상으로 해서 보여준다면 누구라도 알겠지만, 그런 일은 있을 수 없다.

하지만 말을 잘 듣는 사람은 상대의 보이지 않는 기분이나 마음을 알아들을 수 있다.

생텍쥐페리의 《어린왕자》를 보면, 왕자를 향해 여우가 이렇게 말한다.

"마음으로 보지 않으면, 세상사는 잘 보이지 않는 법이야. 중요한 것은, 눈에 보이지 않는 거야."

눈에 보이지 않는 중요한 부분은 마음으로 듣는다. 말로 표현하지 않은 상대방의 기분을 헤아리는 자세를 갖는 일이 말을 잘 듣는 길이며, 말을 잘 듣게 되면 자연스레 상대방의 기분도 읽을 수 있게 된다.

■■ 마음의 귀로 듣는다

듣는 일의 기본에는 상대방을 배려하는 마음이 있다. 이 기본을 몸에 익히는 과정에서 보이지 않는 상대방의 기분을 상상할 수 있는 힘이 생긴다.

예전에 감기가 걸려서 동네 병원에 진찰을 받으러 갔다. 작은 개인병원인데도 늘 20분이나 기다려야 하는 곳인데, 그날은 1시간 이상이나 기다렸다. 좁다란 대합실에 환자가 가득해서 그런지, '도대체 언제까지 기다리게 할 참이야.' 하고 초조해졌다.

그리고 10분 후에 드디어 내 차례가 왔다. 진찰실에 들어가자, 잘 아는 의사가 말을 걸어왔다.

"오랜만에 뵙는 건데, 너무 오래 기다리시게 해서 참 죄송하네요."

초조한 내 기분을 읽어낸 기분 좋은 한 마디였다. 나는 아침부터 많은 환자를 보고 피곤하겠구나, 하고 담당 의사를 배려할 줄 몰랐던 것이다.

■■ 표현된 말로부터 무엇을 알아들을까

상대방이 아무리 떠들어도 기분이 그대로 말에 표현된다고는 할 수 없다. 마음에도 없는 말을 입에 담는 사람도 있을 것이다. 그 말로부터 상대방의 진정한 기분을 이해하는 일은 그리 간단하지 않다. 여기서도 상상력을 발휘하는 일이 중요해진다.

말을 잘 듣기 위해서는 상대방의 입장에 자신을 놓고 듣는 힘을 닦아야 할 것이다.

8. 생각하는 힘이 자란다

■■ 듣는 힘은 생각하는 힘에 비례한다

듣는다고 해서 수동적인 태도를 취하면 듣는 힘도 생각하는 힘도 자라지 않는다. 말을 잘 듣는 사람은 들으면서 생각하고, 생각하면서 듣는다. 단순히 듣는 것이 아니라 제대로 듣는 데는 생각하는 힘이 필요하게 되기 때문이다.

즉 듣는 사람의 입장에 섰을 때는,

- 발언이 의미하는 부분을 이해하기 위해서
- 말하는 사람의 기분을 이해하기 위해서
- 자신과 다른 의견을 갖게 된 배경을 알기 위해서

- 상대방도 알아차리지 못했던 새로운 시점을 찾으면서
- 다음으로 어떤 태도를 취할까 예상하면서

머리를 열심히 회전시키고 있는 것이다.

생각하기 위해서는 머리를 유연하게 만들어야 한다. 당연하지만 머리가 완고하면 그만큼 이야기는 들을 수 없게 된다.

■■ 상대방의 반응의 이면을 생각한다

늘 혼자 화만 내는 상사가 있었다. 그는 부하의 말에 반론을 제기하거나 트집을 잡으면서 대부분의 경우 거절해버렸다. 그 결과, 대부분의 부하는 상사에게 제안이나 따뜻한 말을 하지 않게 되었다.

그 가운데 몇 명의 부하가 굳이 상사에게 의견을 말하고 제안을 시도했다. 그들은 언뜻 이야기를 듣지 않는 듯이 보이는 상사가 트집을 잡으면서도 부하의 반응을 잘 살피고 있다는 사실, 나아가서 중요한 문제나 특출한 의견에는 듣는 귀를 가지고 있다는 사실을 알아차렸다. 그들은 상사의 반응을 있는 그대로 받아들이지 않고, 잘 생각하고 한 걸음 물러나서 들었기 때문에 이러한 사실을 알 수 있었던 것이다.

《톰 소여의 모험》의 저자 마크 트웨인은 열여덟 살 때에 아버지와 싸움을 하고 집을 뛰쳐나갔다. 3년 후, 집에 돌아온 그는 이렇게 말했다.

"가출했을 때는 아버지고 뭐고 바보일 거라고 생각했다. 3년 지나서 돌아왔을 때, 아버지가 현명해졌다고 생각했다."

물론 현명해진 사람은, 아버지의 이야기를 제대로 듣게 된 마크 트웨인이다.

9. 주목받는 존재가 된다

말하는 사람은 눈에 띄고 주목받기 쉽다. 따라서 눈에 띄고 싶은 사람은 발언을 잘한다. 회의에서 몇 번이나 발언을 하면, 싫어도 남의 눈에 띈다. 한편 듣는 사람은 눈에 띄지 않는다.

"나는 말이 서툴기 때문에, 항상 듣는 편이 된다. 그냥 눈에 띄지 않는 존재다."

이런 식으로 말하는 사람이 있다. 여기에는 두 가지 잘못된 점이 있다.

첫 번째는 '말이 서툰 자＝듣는 역할' 이라는 생각이다.

이것은 듣는 일의 한 가지 면밖에 보지 못한 것으로, 똑같이 듣더라도 수동적으로 듣는 일과 적극적으로 반응을 보이며 듣는 일은 큰 차이가 있다. 말이 서툴다는 것은 들을 때에도 수동적으로 되기 쉽다.

두 번째로 말하는 것이 눈에 띄고, 듣는 일은 눈에 띄지 않는다는 생각이다.

회의에서 몇 번이나 발언하면 분명히 눈에 띄고 주목도 받는다. 하지만 발언이 목적에서 어긋나거나, 몇 번이나 발언하는 일로 다른 사람의 발언을 방해한다면, 오히려 평가를 떨어뜨리는 결과가 되고, 좋은 의미에서 사람들의 주목은 얻을 수 없다.

'원래 말하는 사람은 눈에 띄지 않는다 는 사고방식은 잘못된 것이다. 물론 듣고 있는 걸까 듣고 있지 않는 걸까 모르는 듯한 청자라면, 분명히 별반 눈에 띄지 않는 존재일지도 모른다.

하지만 말을 잘 듣는 사람은, 듣는 일에 열심이고, 상대방에 대한 반응이 활발하고, 결코 있으나마나한 존재가 아니다. 회의에서도 발언하고 있는 사람에게 얼굴을 향하고, 수긍하고, 메모를 하는 등 적극적으로 반응을 보인다. 그것에 의해서 화자는 자신의 이야기에 열심히 반응을 보여주는 청자에게 관심을 갖고 주목하기 시작한다. 그 청자가 발언하게 되면 어떤 이야기를 할 것인가 하고 더욱 주목도가 높아질 것이다. 따라서 말을 잘 듣는 사람은 남의 주목을 모으는 일도 가능하다.

■ ■ 지나친 반응은 주의할 것

하지만 들을 때 무조건 반응하는 것도 좋은 것만은 아니다.

어느 날 밤, 자주 가는 스낵바에서 한 남자가 말하고 있었다. 중견 회사의 사장인 듯했다.

그의 주변에는 거래처의 사원인 듯한 수십 명의 남자가 있었고, 사장의 이야기에 계속해서 "재밌네요." "놀라워요." "정말 도움이 됩니다." 등과 같이 반응하고 있었다.

하지만 얼핏 보니 그 반응은 일부러 하는 것으로 보였고 세상의 쓴맛 단맛을 다 본 사장에게는 오히려 재미가 없을 것 같다는 생각이 들었다. 잘 듣는 일이란, 결코 분위기에 영합해서 오버하여 맞장구를 치거나 하는 일이 아니기 때문이다.

10. 인간의 그릇이 커진다

■■ **자신에게 없는 것을 흡수한다**

이야기를 듣는 일은, 양분을 흡수하고 성장을 위한 양식과 똑같다. 덮어놓고 싫어하는 태도를 줄이고, 여러 양분을 흡수하는 일을 도모하는 것에 의해서 사람은 큰 그릇이 되어간다.

어느 봄날, 센다이에 출장을 가서 택시를 탔을 때의 일이다. 명랑하고 느낌이 좋은 운전사가 "어디서 오셨습니까?"라는 질문이 계기가 되어서 우리는 10분 정도 대화를 즐겼다.

그 운전사는 말을 잘 듣는 사람으로 나의 이야기를 듣는 역할을 맡았고 동시에, 그에게서도 화제가 터져 나와 우리의 대화는 무르익었다.

그중에서도 인상에 남았던 것은 다음 한마디였다.

"손님의 말씀을 듣는 일이 즐겁습니다. 모두 저에게 없는 점을 갖고 계시기 때문이죠."

말을 잘 듣는 그는, 남의 말에서 자신에게 없는 것을 점점 흡수해 자신의 그릇을 크게 해왔던 것이리라.

그 후 나는 이렇게 생각하게 되었다.

'이야기를 제대로 듣는다는 것은 자신에게 없는 것을 흡수하려는 시도다.'

자신에게 없는 것이란 다른 의견, 때로는 반대의견이 될 수도 있다. '욕구의 5단계설'을 제창한 미국의 심리학자 매슬로(Abraham H. Maslow)는 "반대의견에 약한 사람은 안 된다."고 말했다.

안 된다는 말은 그릇이 작다는 말과 바꾸어도 좋을 것이다.

■■ 유머를 즐기는 힘

시종일관 성실한 사람이 있다. 이 사람에게 농담을 걸거나 하면, 성실하지 못하다, 조심성이 없어 보인다 하고 들어주지 않았다. 그런 영역을 넓혀서 농담이나 유머러스한 이야기도 들어주게 되면, 그만큼 듣는 역할로서의 그릇도 커지게 된다.

이런 이야기가 있다. 젊은 바이올리니스트가 뉴욕에서 경관에게 물었다.

"카네기홀로 가는 길을 가르쳐주세요."

경관은 젊은이의 얼굴을 빤히 보고 말했다.

"그건 말이지 자네…… 연습, 연습, 또 연습이라네."

경관의 대답에 화를 낸다면 말을 잘 듣는 사람으로 가는 길은 멀고도 험하다. 이 멋진 유머를 이해하고, 세련된 한마디로 되받아치면, 경관은 자발적으로 길을 안내해줄지도 모른다.

농담이나 유머나 익살스러운 마음 등을 이해하는 일은 높은 레벨로 이야기를 들을 수 있는 것이며, 그만큼 다양한 사람과 대응할 수 있는 인물이 되었다는 사실이기도 하다. 인간의 그릇을 크게 하는 일은 중요하며, 사람은 자신의 그릇 이상으로 이야기를 들을 수 없다.

11. 말을 잘 듣는 것은 세상을 밝게 만든다

■■ 말을 듣는 사람이 좋으면, 말하는 사람도 이득을 본다

지금까지 봐왔듯이 이야기를 제대로 듣는 사람에게는 많은 이점이 있는데 이것은 듣는 사람에게만 해당하는 것이 아니다. 말하는 사람에게도 플러스가 있다는 점을 알아 두었으면 좋겠다.

상대방의 말에서 청자가 자신의 모습을 알아차리는 일은 흔히 있는 일이다.

"어머, 그렇습니까. 몰랐습니다. 말씀해주셔서 감사합니다."

감사와 함께 솔직하게 이야기를 받아들이고, 자신의 태도를 새롭게 해라. 그러면 화자도 말한 보람이 있다며 기뻐하고, 앞으로도 새로운 것이 있으면 가르쳐주려고 생각하리라. 말을 잘 듣는 사람

■■■ 이야기를 듣지 않는 사람의 특징 ■■■

1. 귀에 거슬리는 이야기는 듣지 않는다

2. 상황이 나쁜 이야기는 듣지 않는다

3. 생각이 다른 사람의 이야기는 듣지 않는다

4. 싫은 사람의 말은 듣지 않는다

5. 들을 필요가 없는 이야기는 듣지 않는다

6. 고정관념이 강해서 이야기를 들어주지 않는다

7. 결점을 지적당하면 화를 내고 듣지 않는다

8. 자신에게 왈가왈부하는 말은 듣지 않는다

은 화자의 의욕을 돋우는 힘을 가지고 있다.

■■ 말을 잘 듣지 못하는 사람은 세상을 경직되게 만든다

물론 자신의 잘못이나 부족한 점을 지적받는 일은 귀에 거슬린다.

하지만 듣는 귀를 갖지 않고서 '시끄럽다.' '쓸데없는 참견이다.' '가만 내버려둬.' 하고 거부하고, 이야기를 들어주지 않는다면 어떻게 될까.

아마 주변 사람은 두 번 다시 충고도 따뜻한 말도 해주지 않게 되고, 그 결과 자신에게도 마이너스며, 인간관계도 경직 될 것이다.

■■ 말을 잘 듣지 못하는 것이 무관심한 사회를 만든다

이야기를 들을 수 없는 사람이 늘어나면, 화자의 태도도 경직되게 된다. 이윽고 청자가 무엇을 하려해도 관심을 갖지 않고, 인간에 대해서 무관심한 사회가 된다.

서로 원활한 커뮤니케이션을 취할 수 있는 살기 좋은 사회를 만들기 위해서라도 말을 잘 듣는 사람이 될 필요가 있다.

말을 잘 들으면 좋은 점

■인맥이 넓어진다
■대화를 잘 하는 사람이 될 수 있다
■사람을 키우는 힘이 생긴다

제2장 — 듣는 일은 자신을 표현하는 것이다

'듣는 일'은 수동적인 행위라고 생각되기 쉬운데, 그것은 큰 착각이다. 사실은 지극히 능동적이고 적극적인 자기표현의 하나로, 수긍하고 동의를 표시하고, 맞장구로 이야기를 재촉하고, 질문함으로써 중요한 일까지 물을 수 있는 힘을 가지고 있다.

1. 화자를 좋은 파트너로 만드는 세 가지 조건

■■ 듣는 데에도 상대방이 필요하다

이야기를 하는 데는 상대방이 필요하다. 그리고 이야기를 할 경우에는 상대인 청자를 의식하고 말한다. 청자는 어떻게 생각하고 있을까, 관심을 가지고 들어주고 있는 걸까, 하는 일이다.

듣는 행위에도 상대방이 필요하다. 그런데 듣는 경우에는 이 '상대의식'이 희박해지기 쉽다. 다시 말해 '들어주는 것만으로 좋지 않으가.' 하고 화자의 기분이나 태도를 무시하는 경향이 있다.

텔레비전과 같은 일방적인 정보전달에 익숙해져버린 우리는 듣는 일이 상대방을 동반하는 행위라는 사실을 알아차리지 못하고 있다.

하지만 듣는다는 것은 상대방을 인식하고 상대에게 영향을 미치는 부분에서 시작되는 행위이며, 화자와 기분 좋은 관계를 맺는 커뮤니케이션의 세 가지 조건을 만족시키는 일이다.

■■ 커뮤니케이션의 세 가지 조건

좋은 청자가 되기 위한 세 가지 조건은 다음과 같다.

① 쌍방향성

이야기만 하고, 듣기만 해서는 쌍방향성이 성립되지 않는다. 청자로서는 수신하는 일뿐 아니라, 스스로도 회신하고, 커뮤니케이션 교환에 합류해야 한다.

듣는다는 행위를 '얌전하게 잠자코 들으면 되는 일'이라고 생각하는 사람이 있다. 하지만 가만히 있을 뿐 아무런 회신도 주지 않으면 커뮤니케이션은 쌍방향성을 잃고 만다.

② 수평성

커뮤니케이션이란 같은 수준의 수평적인 교환이다. 부하나 후배에게 이러쿵저러쿵 '물어볼 테니까 말해봐라' 하고 젠체하는 태도를 취하거나, 팔짱을 끼고, 턱을 치켜들고 '흥, 그래서' 하고 깔보는 듯이 듣는 방식을 취하는 사람이 있는데, 그것은 수평성이 결여된 태도다.

③ 대면성

눈앞의 상대와의 교환이다. 눈앞에 살아 있는 상대가 있다는 사실은 말하는 사람으로 하여금 긴장을 하게 하고 방어자세를 취하게 하는 등 서로 큰 부담이 되는 일이다.

하물며 듣는 쪽이 무표정, 무반응으로 있으면 화자의 부담이 커지고 부드러운 커뮤니케이션을 방해하게 된다.

이 세 가지 포인트를 충분히 인식하고, 청자로서 상대와 좋은 파트너를 맺는 데에는, '치우침 없이, 똑같은 수준에서, 친밀해지기 쉬운 태도'를 기본으로 하는 것이 무엇보다 중요하다.

2. 듣는 일은 에너지가 필요하다

■■ **피곤하면 이야기를 들을 수 없다**

이런 말을 하는 사람도 있다.

"오늘은 피곤하니까, 네가 말해. 난 듣기만 할 테니까."

　사람의 말은 피곤하면 들을 수 있는 게 아니다. 이런 말을 하는 사람은 '듣는 일은 휴식하는 일'이라고 착각하고 있는 것은 아닐까. 다시 말해서 "넌 말하고 있어. 난 잘 테니까." 하고 말하는 것과 같다.

　사람의 말을 듣는 일은 휴식이 아니다. 이것은 왕성한 활동이다.

- 머리로 내용을 정리하면서
- 눈으로 상대와 주변을 관찰하며
- 귀를 기울이고 상대방의 마음을 듣고
- 뜻에 어긋나는 의견도 받아들이며
- 몸 전체로 주의력을 집중하고

듣는 것이기 때문에 머리와 몸은 왕성하게 활동하고 있다.

당연하지만 듣는 일은 지치는 일이며, 바꿔 말하면 피곤할 때 이야기를 제대로 듣는 일은 불가능하다. 사람의 말을 집중해서 들을 수 있는 것은, 겨우 15분이라고 하는 것도 이와 같은 이유에서다.

■■ 상담에 응한다면 몸 상태를 정돈할 것

듣고 이해하는 일과 함께 이해한 사항을 상대에게 전달하고 생각 해내거나, 순간적으로 떠오른 생각을 발신해서 회신한다. 듣는 일 에는 이처럼 발신을 동반한다.

그저 아무 말 없이 듣고만 있으면 분명 화자로부터 "나만 이야 기하게 하지 말고, 당신도 무슨 말이든 해봐." 하고 불만이 발생할 것이다. 이것은 앞서 말했던 커뮤니케이션의 세 가지 조건에 터져 나온 불만이다.

듣는 일은 훌륭한 자기표현이며, 그러기 위해서 첫째로 필요한 것은 심신의 컨디션을 정돈하는 일일 것이다.

친구나 동료로부터 "상담 좀 해줘." "이야기를 들어줄래." 하는 부탁을 받았을 때, 자신이 피곤하면 현재 상태를 상대에게 전하고, 다음 기회에 듣도록 하자. 걱정거리로 가득한 사람은 상대의 이야기를 듣기보다도 자신의 이야기를 말하게 하는 쪽이 먼저일지도 모른다.

3. 듣는 일은 무의식의 자기표현이다

■■ 듣는 태도에 그 사람이 나타난다

입사시험으로 보는 면접에서는 어떻게 말을 하느냐로 평가되기 때문에, 이야기의 내용과 함께 말씨와 말투에 주의를 주는 사람이 많다. 사실 말투는 면접관에게 사람을 평가하는 중요한 포인트가 된다.

하지만 들을 때의 태도나 반응하는 방식에 주목하는 면접관도 있다. 아니, 오히려 사람을 보는 눈이 있는 면접관일수록 이야기할 때 이상으로 듣고 있는 모습에 주의를 기울인다. 이야기를 할 때는 누구나 긴장하는 법이지만, 듣는 쪽이 되면 자칫 방심하기 쉽다. 즉, 그 사람 본래의 모습이 나타나는 것을 알고 있기 때문이다.

세미나의 강연을 하고 있을 때, 듣는 태도를 관찰하면 그 사람의 평소 자세가 살짝 보이는 것 같아서 흥미진진하다.

일사불란하게 메모만 하는 사람은 평소에도 꼼꼼할 것이며, 시선이 끊임없이 두리번두리번 움직이는 사람은 타인을 신경 쓰는 타입일 것이다. 비스듬히 자세를 취하고 듣는 사람에게는 피해자 의식이 강한 부분이 있는 것 같으며, 고개를 끄덕이면서 들뜬 얼굴을 하고 있는 사람은 평소에도 집중력이 부족하다. 이와 같은 여러 가지 자세에는 그 사람이 나오는 법이다.

들을 때는 남에게 보인다는 의식이 희박하기 때문에, 그 사람의 맨 얼굴이 나타날지도 모른다. 그것을 두려워해서 포커페이스를 가장하기도 하지만, 이것 역시 자기 자신을 표현하고 있는 것이다.

■■ 듣고 있다는 사실을 말과 태도로 나타낸다

화자는 누가 되었든 자신의 이야기를 들어줬으면 하고 생각한다. 따라서 이야기를 시작할 때부터 청자의 반응에 극히 민감해진다.

아래를 향하고 눈을 찔끔 감거나 하면, 자신의 말을 듣고 있는 건지 걱정이 된다. 또 맞장구는커녕 수긍하는 기색도 내지 않는다면, 이야기를 중단하고 청자의 반응을 확인하고도 싶어진다. 흔히 아이는 "있지 엄마, 잘 들어봐요." 하고 말로 꺼내서 재촉한다. 어른도 그러고 싶을 때가 있을 것이다.

화자에게 걱정이나 불안을 품게 하는 것은, 좋은 청자가 아니다. "확실히 당신의 말을 듣고 있습니다." 하고 말과 태도로 전하자. 화자는 안심하고 만족해서 계속해서 이야기를 진행할 수 있다.

4. 금방 반응을 보이는 대답이 호감을 부른다

■■■ 대답은 커뮤니케이션의 첫걸음

대답 정도쯤이야 하고 얕잡아보는 사람이 있을지도 모른다. 그러나 누가 불렀는데도, 대답을 하지 않거나 성의 없는 대답을 하는 사람은 일도 정보도 사람도 어느새 도망가버리고 만다. 부른 쪽은 반응을 느끼지 못하고 무시당했다고 생각해버리기 때문이다.

대답이란, 자극에 대해서 듣는 사람이 알아차리는 신호이며, 커뮤니케이션의 첫걸음이다. 대답이 없으면 커뮤니케이션은 불발로 끝난다.

사장이 아침에 "좋은 아침!" 하고 인사를 하고 사무실에 들어간다. 컴퓨터 화면을 뚫어지게 보고 있는 사원들로부터 대답 하나

돌아오지 않는다. 인사는 공중에 붕 뜬 채, 사무실에 일순간 싸한 공기가 흐른다. 이런 풍경이 많은 직장에서 보이는 것 같다.

말을 걸어오면 활기차게, 금방 반응을 나타내보자. 활발한 대답을 되찾는 일부터 커뮤니케이션은 활성화되고, 직장의 분위기도 좋아지는 법이다.

가령 연장자라도 남이 부르면, 곧장 대답을 하는 사람은 주위로부터 호감을 얻게 되고, 아마 그 사람은 행동도 겉모습도 매우 젊을 것이다.

■■ 대답할 때 필요한 세 가지 조건

①남이 부르면 바로 대답을 한다. 남이 부르면 일어서기 전에 먼저 대답을 하라.

②상대의 얼굴을 보고 대답을 한다. 아래를 향한 채 대답하면 목소리가 침울해진다.

③상쾌한 표정과 낭랑한 목소리로 대답을 한다. 억지로 하는 대답은 표정과 목소리에서 바로 나온다. 마음을 열고 기분 좋게 응답하자.

위의 세 가지 조건을 실행하면 활발한 커뮤니케이션이 이루어진다.

상대방이 이야기를 가지고 왔는데, 이것도 아니고 저것도 아니고, 입을 꼭 다문 채 대답을 하지 않는 사람이 있다.

곧바로 판단이 서지 않는다면, 좀 생각해보겠다고 말하면 된다. 대답이 없으면 상대방은 가지고 온 이야기를 멈출 수밖에 없다.

5. 이야기는 눈으로 듣는다

■ ■ 상대방이 눈을 돌리면 이야기하기 어려워진다

말을 붙이려고 한 순간, 듣는 사람이 눈을 돌렸던 경험을 한 적이
있는가.

예전에 어떤 회사를 방문했는데, 통로에서 그 회사 사원인 듯
한 사람과 스친 적이 있다.

"좋은 아침입니다."

하고 내가 말을 걸었는데, 휙 눈을 돌리자 순간 말이 목구멍에
걸려서 나오지 않았다. 그리고 인사를 하는 것도 아니고 하지 않는
것도 아닌 어중간한 상태에서 상대가 지나갔다. 기분이 결코 좋지
는 않았다. 신경질적인 사람이 보기에는, 자신이 무시당한 듯이 느

껴져서 아침부터 참을 수 없는 기분이 들 수도 있었을 것이다.

시선을 외면한 쪽도 고의로 한 일은 아닐 것이다. 무심코 그렇게 되어버렸던 것이다. 상대방을 빤히 보는 것은 실례지만, 얼굴을 보지 않고 이야기를 듣는 일도 상대를 무시하는 꼴이 되어서 역시 실례다.

듣는 기술로써 몸에 익혀두어야 하는 것은, 일단 시선을 두는 방식이다.

첫째로 상대가 이야기하기 시작한 순간은 눈을 돌리지 말 것. 의식해서 확실하게 상대의 눈을 보고 듣는다. 단, 꼼짝 않고 주시당하면 답답해져서, 오히려 이야기하기 곤란하다. 처음에 눈을 봤다면 3~4초 정도 멈추고 나서 일단 시선을 피한다.

■■ 시선을 돌릴 때의 유의점

시선을 돌리는 데에도 방법이 있다. 위로 돌리게 되면 몸을 뒤로 젖힌 젠체하는 듯한 태도로 보여 말하는 사람이 반발심을 갖을 수도 있다. 그렇다고 해서 좌우를 두리번 두리번 보는 일은, 말하는 사람을 침착하지 못하게 만든다.

천천히 아무렇지 않게 아래쪽 방향으로 눈을 돌리는 것이 좋다. 상대의 얼굴로부터 밑으로 눈을 옮기고, 생각하면서 듣는 자세를 취하는 것이 바람직하다. 꾸중을 듣고 있을 때는 고개를 숙이는 편이 상대도 이야기하기 편하다는 이점이 있다.

하지만 10초간이나 눈을 돌리고 있으면, 화자는 불안하게 된다. 화자가 "네, 그렇지요?" 하고 동의를 구하거나 이야기에 틈이 생겼을 때 다시 한 번 눈을 상대에게 향하고, 눈을 보고 이야기하는 자세로 돌아간다.

눈은 입만큼이나 말을 한다. 청자의 눈은, 상대를 보든 외면하든 표현의 도구로 작용하고 있다는 사실을 잊지 말아야 한다.

6. 상대의 마음을 편하게 하는 웃는 얼굴

■■ 무표정한 청자는 화자를 당황하게 만든다

최근 젊은 사람들은 들을 때 무표정인 경우가 많다. 나도 무표정하거나 반응이 없는 청중을 앞에 둔 경험이 몇 번이나 있다. 텔레비전에 나오는 아이들도 외국 아이들과 비교하면, 표정이 부족한 것을 자주 볼 수 있다.

왜 이렇게 되었을까. 젊었을 때부터 텔레비전 등의 일방적인 정보에 익숙해져서, 사람과 대면하는 일에 필요한 듣는 기술을 몸에 익히지 않았던 것이 첫 번째 원인은 아닐까.

수업을 하는 방식에서도 그 원인을 찾을 수 있을 것이다. 한 수학자는 이에 대해서 다음과 같이 말했다.

"교사는 학생이 떠드는 것을 금지하기 때문에, 학생의 마음의 소리를 듣지 못하게 된 것은 아닐까. 교사란 사람들은, 학생에게 들려주는 일에만 열중하지 말고, 떠들썩한 소리를 듣는 일에도 귀를 기울일 필요가 있다."

최근의 교실 풍경은, 쥐죽은 듯 조용하고 무표정한 아이들이 모여 있는 장소가 되고 있다. 이야기하거나 듣거나 하는 주고받음에 익숙하지 않은 동시에, 선생님으로부터 "조용히 해." 하는 화난 목소리를 듣는다. 아이들이 무표정하게 된 것도 무리는 아니다.

하지만 그렇다고 해도 무표정은 화자를 당황하게 만든다. 무표정을 두려워하고, 이야기하는 그 자체를 꺼리게 될지도 모른다. 청자가 되었을 때는 무표정한 얼굴을 고치고, "제대로 듣고 있어요." 하는 정도의 미소를 보이거나 맞장구라도 치는 반응을 보이자.

■■ 미소, 사람의 마음을 여는 힘

듣는 사람의 미소는 상대를 유쾌하게 맞이하는 신호다. 즉 커뮤니케이션의 밑바탕에 있는 것은 환영의 정신이다. 이 신호를 통해 말하는 사람은 우선 안심한다.

상대방을 맞이하기 위해서는 마음의 문을 열어야만 한다. 상대가 무슨 이야기를 하려는지 모르지만, 그 시점에서 경계하고 마음을 닫지 말고, 무엇이든 제대로 들어주겠다고 여유로운 자세를 취해야 한다.

영업경험이 적은 사람은 무심결에 지나치게 말해버린다. 침묵이 이어지면 서먹해지고, 또 고객에게 무슨 말을 들을지 모른다고 생각하니, 무서워서 화자의 입장을 고수한다. 처음에 무리를 해서라도 미소를 지어서 듣는 역할을 고수하면, 고객이 화제를 제공해 주게 마련이다.

엘리베이터 승강장에서 외국인 남성과 함께 있게 된 적이 있다. 약간 긴장했지만, 상대방은 미소를 짓고 있었고 나는 서툰 영어로 인사를 할 용기가 생겼다. 미소는 사람을 받아들이는 힘을 가진다.

7. 고개를 잘 끄덕이면 이야기를 이끌어낸다

■■ **고개를 끄덕이는 것은 이야기를 받아들였다는 신호**

청자의 수긍은 일단 긍정하고 받아들였다는 신호다. 이는 고개를 위아래로 움직이는 모습에서 알 수 있다.

한편 상대의 말에 의문이나 부정하는 마음이 있을 때는 고개를 갸웃거리거나 옆으로 흔들기도 한다. 부정도 반대도 괜찮지만, 청자로서는 우선 제대로 이야기를 듣고 있다는 신호로 고개를 끄덕이는 것이 좋다.

수긍하는 방법에 따라서 듣는 사람을 분류해보자.

• 전혀 고개를 끄덕이지 않으며 듣는 사람

- 상대가 이야기를 꺼내면 자동적으로 고개를 끄덕이며 듣는 사람
- 중요한 부분에서 확실하게 고개를 끄덕이며 듣는 사람

첫 번째 타입은 고개를 끄덕이는 일도 듣는 입장에서는 중요한 커뮤니케이션 수단이라는 인식이 없는 사람이다. 혹은 고개를 끄덕일 것까지도 없는 뻔한 이야기라고 상대를 깔보는 사람이다.

두 번째는 반대로 고개를 까닥이기만 하면 된다고 연신 끄덕이는 타입. 듣는 사람의 입장이 되면 고개가 자동적으로 상하로 움직이며, 이야기의 내용에 관계없이 고개를 끄덕이는 사람이다. 화자에게 미안하다는 생각 때문에, 지나치게 고개를 끄덕이는 버릇이 몸에 붙었을지도 모른다. 남에게 금세 동조하는 타입으로 보이는 경향이다.

어차피 똑같이 고개를 끄덕이는 거라면, 세 번째처럼 이야기를 잘 듣고, 요소요소에서 확실하게 고개를 끄덕여야 한다.

'수긍'은 무언으로 고개를 움직이는 것뿐이라서, 자칫하면 자기중심으로 되기 쉽다. 자기 혼자서 수긍하거나, 이야기의 내용에 관계없이 고개를 끄덕거리는 사람이 있는 것은 그 때문이다.

수긍은 상대를 향한 표현이다. 그렇다면, 내용에 응해서 수긍하거나 타이밍(이야기의 단락 사이, 중요한 부분에서) 좋게 하거나 화자의 눈을 보고 확실하게 표현하는 게 유효한 방법이 된다.

8. '수긍'에서 '맞장구'로 한걸음 내딛어라

고개를 끄덕이는 것뿐 아니라, 소리를 내서 맞장구를 치는 사람이 눈에 띄게 적어지고 있다.

맞장구를 칠 때 작은 목소리로 "네." "그래." 하고 말하는 것만으로는 별 효과가 없다. 이야기의 요점을 확실하게 소리로 내서 받아쳐야 한다. 이것은 우선 상대의 이야기를 다시 한 번 말하는 것부터 시작하면 된다.

어느 음식점에 밥을 먹으러 갔을 때의 일이다. 상사와 부하인 듯한 두 명의 일행이 내 옆 자리에 앉았다. 둘은 각각 메뉴를 보다가 부하가 옆을 지나가던 여자 점원에게 "B정식."이라며 미리 주문했다. 그러자 그녀는 "네, 알겠습니다. B정식 시키셨습니다." 하고 확인했다. 그리고 나서 조금 뒤에 상사가 "A정식 하나." 하고 남자 점원에게 주문을 했다. 그는 작은 목소리로 "네." 하고 대답할 뿐이었다. 상사는, '이 점원, 괜찮은가.' 하고 말하고 싶은 표정을 지었다.

머지않아 부하가 시킨 B정식은 나왔는데, 상사가 주문한 음식은 좀체 나오지 않는다.

"A정식은 아직인가요." 하고 상사가 재촉하자 남자 점원의 얼굴이 새파랗게 질렸다. 아무래도 다른 음식을 만들었던 모양이다. 상사가 화를 낸 건 당연했다.

이러한 실수는 듣는 사람이 주문을 다시 말하면서 확인하면 막을 수 있는 것이다. 누구라도 자신이 한 말이 잘 전달되었는지 걱정한다. 하지만 키워드를 반복하는 일로 서로의 걱정을 해소하면 된다.

■■ 이야기를 어떻게 들었는지 상대에게 전한다

사람은 때론 편견을 통해서 듣거나 이야기한다. 따라서 커뮤니케이션에는 어긋남과 오해가 으레 따르게 마련이다.

듣는 입장에서 "난 이렇게 들었다." 하고 피드백을 하는 일을 하여 어긋남과 오해에 주의를 기울이면, 이것만으로도 이해하는 일이 쉬워진다.

강연에서 있었던 일이다. 이쪽을 보고 몇 번이나 고개를 끄덕이며 열심히 듣고 있는 젊은 남성이 있었다. 나는 '저 사람은 확실히 내가 하는 말을 이해했을 거야.' 라고 판단하고, 오히려 뒤쪽에서 밑으로 고개를 숙이고 있는 남성의 주의를 이쪽으로 향하게 하려고 힘을 쏟았다. 휴식 시간이 되자 열심히 고개를 끄덕이던 그가 다가와서 이렇게 말했다.

"제 쪽을 봐달라고 몇 번이나 고개를 끄덕이고 신호를 보냈는데, 후쿠다 씨는 두 번밖에 눈을 맞춰주지 않으시더군요."

그가 고개를 끄덕인 것은 좀더 자신의 반응을 보고 말해달라는 신호였다. 휴식시간에 그가 그렇게 말해주지 않았다면, 나는 마지막까지 그를 무시한 채 지껄여댔으리라.

피드백은 화자와의 인간관계를 보다 좋게 하는 동시에 중요한 작용을 한다.

9. 맞장구에 변화를 준다

■■ **내용에 맞는 맞장구의 필요성**

맞장구는 화자를 힘나게 하고, 말할 의욕을 높이는 역할을 한다. 나아가 이야기가 앞으로 진행되기 쉽도록 촉구하거나 지금까지 한 말을 정리하는 일도 맞장구를 치는 자의 역할이다.

하지만 잘못된 맞장구를 치면 화자가 당황스러워하거나 불만족스럽게 되는 경우도 있다. 예를 들면 우리가 잘 쓰는 맞장구 중에 "역시."라고 하는 것이 있다.

"요즘 들어 갑자기 추워졌네요."

"역시."

이런 장면에서 '역시'는 상대를 당황스럽게 만든다. 여기서는

"그렇네요."라든가 "진짜네요."라는 맞장구가 적당할 것이다. 맞장구도 이야기의 내용에 응해서 연구할 필요가 있다.

■■ 맞장구의 종류

맞장구의 대표적인 것을 들어보자.

① 동의 = 네, 그렇네요

맞장구는 상대의 이야기를 긍정하는 것이 보통이기 때문에 동의하는 맞장구가 가장 많이 쓰인다.

② 촉진 = 그래서 어떻게 됐지, 예를 들면

이야기를 먼저 재촉하기 위한 것. 빈번하게 사용하면, 이야기를 조르는 듯한 모양이 들어서 상대가 말하기 어렵다.

③ 정리 = 이렇다는 말이군요

까다로운 이야기를 정리한다. 맞장구로 요점을 정리해서 받아치면 화자에게 도움이 된다.

④ 전환 = 좀 다른 얘기인데

똑같은 이야기가 반복되어 앞으로 진전되지 않을 때, 국면을 타개하는 데 이러한 맞장구를 사용한다.

⑤ 공감 = 재밌네요, 놀라셨죠

상대의 기분이 되어서, "힘드셨겠어요." "어렵겠네요." 하고 공감을 표시한다.

⑥ 놀람 = 와―, 몰랐어요

처음 들었다고 놀랐다는 것을 보여주는 맞장구. 가벼운 놀람을 동반하는 맞장구는 화자를 기쁘게 한다. 반대로 "그렇다니까요." "알고 있어요." 하고 말하면 상대방도 낙심한다.

맞장구는 빈번하거나 과장되게 치지 말아야 한다. 거기다가 내용이나 이야기가 진행되는 상황에 따라서 종류를 적절하게 가려 쓸 것. 이렇게 맞장구를 치는 방법을 마스터하고 있으면, 가장 훌륭한 청자로 가는 길은 멀지 않다.

10. 화자를 난처하게 만들면 대화는 무르익지 않는다

■■ 자신도 모르고 있는 곤란한 듣기의 자세

듣는 일은 상대방을 동반한 행위라고 재차 말했다. 들으면서 자신의 의견이나 기분을 전하는 자기표현일지라도 상대의 주장이나 기분과 맞물려서 서로 울리는 것이야말로 대화의 장이 고조되는 것이다.

문제는 상대를 생각하지 않는, 자기만의 듣는 방법이다. 청자 가운데는 곤란한 습관을 갖고 있는 사람이 있고, 화자를 혼란시켜서 커뮤니케이션을 악화시키는 사람도 있다.

다음은 곤란한 듣기 자세를 취하는 타입의 경우다.

대부분의 사람은 자신이 어떻게 듣고 있는지 되돌아본 적이 없

■■ 말하는 사람을 곤란하게 만드는 10가지 듣기 태도 ■■

1. 무표정형	가면과 같은 청취법. 경계심으로부터 오는 경우가 많다. 화자는 이야기하고 싶지 않게 된다. 불안해진다.
2. 메모하지 않는 형	기억에 자신이 있는 타입이거나, 메모를 하는 일의 중요함을 모르는 사람. 메모를 하는 것이 당연하다고 생각하는 화자일 경우 기분이 나빠진다.
3. 있으나마나한 형	시치미를 떼는 타입. 본심을 보이지 않는 사람에게도 있다. 반응이 명확하지 않고, 이야기하기 어렵고, 사귀기 어렵다
4. 히죽히죽 형	히죽거리는 얼굴로 듣고 있다. 스스로도 알아차리지 못하는 사람이 많다. 장난하고 있는 게 아닌가 하고, 화자는 불안하고 초조해진다.
5. 무서운 얼굴 형	눈빛이 강렬하고, 화난 듯한 얼굴. 진지하게 듣고 있을지도 모르지만 무섭다. 노려보는 것 같아서, 신경이 쓰인다.
6. 팔짱 형	버릇으로 팔짱을 끼지만, 왠지 모르게 이야기를 거부하고 있다. '뭐야 잘난 체 하기는' 하고 반발심을 일으킬 수 있다.
7. 성급한 형	결론을 서둔다. 이야기를 차단하고 싶은 타입. 화자도 안정이 안 되고, 도중에 이야기를 거둔다.
8. 순간 울컥 형	자기 상황에 불리한 말을 들으면, 울컥하기 쉽다. 깜빡한 일은 말하지 않으면, 신중해진다.
9. 수긍 과잉 형	고개를 끄덕이는 것이 버릇이고, YES라도 NO라도 고개를 끄덕인다. 반응을 파악하기가 어렵다.
10. 꾸벅꾸벅 형	듣는 편이 되면 금방 잠든다. 생각하지 않고 듣는 사람이 많다. 이럴 경우 화자는 어떻게든 일으키려고 필사적으로 된다.

을 것이다. 개중에는 팔짱을 끼고 눈을 감으면서 "남이 하는 말을 잘 듣고 있는 편이다."고 말하는 사람도 있다. 앞의 표를 보면서 지금까지 읽은 내용을 상기하면서 자기진단을 해보면 좋겠다. 친한 제3자에게 체크 받고, 보다 신중하게 듣는 자세를 재점검해보는 것도 좋을 것이다.

11. 상대의 이야기를 지지하는 자세가 청자의 기본

■■ 화제를 상대에게 돌린다

"일기예보에서는 비가 온다고 했는데, 빗나가서 완전히 좋은 날씨가 되었습니다."

"그렇네요."

다음으로 이야기를 어디로 돌릴까. 여기가 문제의 갈림길이다.

"난 영업을 하기 때문에 차를 타고 밖을 돌아다녀서, 날씨가 개면 차도 안 막혀서 다행이네요."

그는 자신만의 이야기를 하고 있는데, 말을 잘 듣는 사람이라면 바로 여기서 화제를 상대에게 돌린다.

"야스다 씨도 출장이나 밖으로 돌아다니는 일이 많으시군요."

"네. 매일 외출하고 일주일에 한두 번은 지방으로 갑니다."

"그럼, 날씨가 신경이 쓰이겠네요."

"그렇습니다."

이렇게 야스다 씨는 악천후로 일의 예정이 틀어진 경험 등을 말하게 된다. 청자는 화자 중심으로 이야기를 진행시키는 일을 잊지 말아야 한다.

■■ 상대가 말하고 싶은 것을 듣는다

후배가 뉴욕 여행에서 돌아왔다. 선배가 묻는다.

"어땠어, 뉴욕은?"

"뭐, 그냥 뭐, 여러 가지 일이 있었어요."

"양키즈 시합은 보러 갔나?"

"야구는 별로 흥미가 없어서요."

"뭐야, 그럼, 마츠이 선수의 활약상도 보지 못했단 말이야."

"그보다 뉴욕은 역시 무서운 곳이에요."

"양키즈 스타디움이 뉴욕의 어느 부근에 있더라……."

이렇게 대화를 이어가서는 후배를 바보로 만드는 결과가 되어도 어쩔 수 없다.

상대가 야구에 관심이 없다고 안 순간에, "여러 가지 일 가운데서, 가장 인상에 남는 일은?" 하고 물으면, 지하철에서 신장 2미터에 가까운 스킨헤드 남자가 따라다녔다는 무시무시한 이야기를 해주었을 것이다.

　때론 듣는 입장이 되면서도 이야기할 기회를 노리는 사람이 있다. 명심해두지 않으면, 이야기 도중에 슬쩍 끼어들어서 "어머 어머, 실은 나도야." 하고 이야기를 뺏을 수가 있다. 이런 행동은 옳지 않다. 상대의 이야기를 지지하는 것이 청자의 역할이다.

듣는 일은 자신을 표현하는 일

■ 눈으로 듣는다

■ 맞장구로 화자를 추켜세워라

■ 무표정, 무반응은 상대방이 싫어한다
■ 지나치게 고개를 끄덕이는 일은 화자를 곤란스럽게 만든다

제3장 대화의 핵심을 정확하게 이해하는 기술

"난 그런 의미로 말한 게 아니야." "자네 제대로 듣고 있었던 건가." 하는 어긋남은 왜 생기는 걸까. 화자의 표현이 어색한 경우도 대책은 있을 터. 3장에서는 상대가 하는 말을 정확하게 알아듣는 마음가짐과 기술에 대해 이야기한다.

1. 듣는 사람이 이야기의 의미를 결정한다

■■ 듣는 사람의 결정권이란

가벼운 잡담이나 중대한 협상에서도 그렇지만, 대화를 할 때 일반적으로 사람들은 화자가 대화의 의미를 결정한다고 생각한다. 하지만 발신된 메시지에 의미를 부여하는 것은, 말하는 사람이 아니라 듣는 사람이다. 이것을 '듣는 사람의 결정권' 이라고 부르는데, 청자는 화자가 말하려는 부분을 정확하게 알아듣는 힘을 연마하지 않으면, 서로 오해를 살 수밖에 없다.

화자가 어휘력이 부족하거나, 애매한 표현을 쓰고, 요점이 없는 말을 하면 청자는 곤란스러워진다. 더욱이 청자의 마음이 평상심이 아닌 경우, 혹은 화자에 대해서 무슨 선입관을 가지고 있거나 성격적으로 지레짐작하는 타입인 경우, 자신이 내린 해석을 멋대로 덧붙여서 듣고 만다. 그 결과, "그렇게 받아들이다니, 어떻게 된 거 아냐." 하고 화자를 놀라게 하는 것이다.

평상심을 갖고 듣지 않으면 의미를 정확하게 받아들일 수 없다.

따라서 각각의 입장에서 노력이나 연구가 필요하다.

화자는 자신의 이야기를 상대방이 어떻게 듣는지를 생각하고 말하는 것이, 청자는 메시지의 의미를 화자 측에 서서 이해하는 것이 필요하다. 상대의 입장, 기분이 되는 일이 요구되는 것이다.

하지만 이렇게는 말해도, 머리로는 이해해도, 좀처럼 실천하기 힘든 문제다. 왜냐하면 사람은 원래 제멋대로이고 상대에게는 요구하지만 자신의 일은 모른 척하기 쉽기 때문이다.

이야기를 들을 때, 자신이 초조해하거나 신경이 쓰이는 문제를 안고 있거나 상대에게 불쾌감이나 불신감을 품고 있다면 이러한 상태에서는 제대로 들을 수 없다. 보통 때라면 웃어넘길 수 있는 농담에도, "별 시답잖은 이야기를 하는 거야." 하고 화내게 될지도 모른다. 평상심을 갖는 것은 듣는 사람이 지녀야 할 최소한의 마음가짐이다.

2. 되묻는 일을 주저하지 않는다

■■ **피드백의 중요성**

크리스마스 밤, 유키코는 애인에게 넥타이를 선물했다. 선물 받은 넥타이를 손에 들고, 그는 "멋진 넥타이네. 고마워 자기야." 하고 매우 기뻐했다.

1년이 지난 두 번째 크리스마스. 유키코는 무슨 선물을 준비할까 고심한 끝에 또 넥타이로 정했다.

한편으로는 좋은 상품이기는 했지만, 또 넥타이를 주면 너무 평범하지 않을까 하는 생각이 들었다.

크리스마스 당일 밤, 그녀는 조심조심 선물을 꺼냈다.

"고마워. 뭘까?"

■■ 커뮤니케이션의 피드백 과정 ■■

화자　청자

발신
수신　수신
반응
발언권　결정권
발신
수신　수신
반응

1. 화자는 발언권이 있고 무엇을 발언하는 것도 자유다. 발언의 결과에 대해서 책임을 갖는다.

2. 청자는 결정권이 있고 자기 나름의 받아들이는 방식을 취한다.

3. 청자는 어떤 식으로 받아들였는지 반응을 보여주고 의미를 확인한다.

4. 피드백 과정을 통해서 문제가 있는 점을 수정한다.

"넥타이에요."

"에, 또 넥타이?"

그가 한 이 한마디는 유키코에게 충격이었다.

"미안해요."

"앗, 아니……."

유키코의 기분은 가라앉았다. 그도 왠지 어색해졌다.

그날 밤을 계기로 둘 사이에 조금씩 거리가 생기고, 급기야 헤어지고 말았다. 실은 그는 "넥타이를 또 받아서 기뻐!" 하고 말하고 싶었던 것이다.

이러한 상황은 화자의 표현력 부족과 청자의 지레짐작에 의한 어긋남이고, 이러한 사태는 누구에게나 일어날 수 있다. 이상하다고 느껴지면 상대에게 되물어보거나 질문을 해야 한다.

"마음에 들지 않아?"

그 자리에서 유키코가 이렇게 물었다면 아마 오해를 초래할 일은 없었을 것이다.

3. 선입관에 사로잡히면 이야기는 틀어진다

■■■ **사람은 자신에게 유리하게끔 듣는 동물**

이야기의 의미는 듣는 사람이 결정한다고 앞서 언급했다. 그만큼 청자는 이야기를 정확하게 들을 책임이 있다. 그 책임을 다하기 위해서, 화자에게 알기 쉽게 이야기해달라고 요구할 수 있다. 하지만 청자 자신도 마음을 평온하게 유지하고 정확하게 알아듣는 힘을 키우도록 자기계발을 할 의무가 있다.

이야기를 제대로 듣는 첫걸음은 들을 때 장애가 되는 것을 제거하는 일이다. 인간에게는 자칫하면 타인의 이야기를 자신의 상황에 좋게 들어버리는 경향이 있다. '상황에 좋게'라는 뜻은, '자신의 선입관이나 고정관념을 통해서'로 바꿔 말할 수 있다.

찰스 E 윌슨(1890~1961)은, GM의 사장으로서 활약한 뒤, 아이젠하워 정권에서 국방장관을 역임했다. 국관방장관 취임시, 의회 청문회에서 그는 "미국에게 좋은 일은, GM에게 좋은 일이다." 하고 이야기했다. 한데 이 대답은 "GM에게 좋은 일은 미국에게 좋은 일이다."라고 받아들여지고 말았다. 윌슨이 재차 잘못 전달됐음을 고쳤는데 사람들은 "굳이 변명하지 않더라도 그렇게 생각했을 것이다." 하고 반응했고, 그가 하는 말을 끝까지 믿지 않았다고 한다.

■■ 선입관의 무서움

한번 이렇다고 받아들이면, 화자가 그런 의도로 말하지 않았다고 부정해도 받아들여지지 않는다. 이것이 바로 선입관의 무서운 점이다. 선입관이 생기면 그에 맞는 이야기밖에 듣지 않게 된다.

선입관이란 '화자나 이야기의 내용에 대해서 미리 품은 이미지이며, 그 이미지에 기초한 기대감, 혐오감'을 말한다. 즉 이야기를 듣기 전부터 품고 있는 이미지며 그것은 과거의 경험이나 주위의 평판, 사회통념 등에 의해서 만들어진다.

사람들은 윌슨의 이야기를 들을 때, 세계 제1의 대기업 'GM의 사장'이었던 사람으로서의 이미지를 강하게 갖고 있었고 GM과 따로 떨어뜨려서 들을 수 없었던 것이다. 선입관에 사로잡히면 이야기를 제대로 들을 수 없게 된다.

4. 남이 하는 이야기는 백지 상태로 듣는다

■ ■ **선입관은 누구나 가지고 있다**

선입관은 사소한 계기로 생기고 그것은 주위 사람들에게 퍼져간다.

협상 자리에 늦게 온 남자가 있었고 두 번 그런 일이 이어졌다. 그러자, 그에게는 '시간관념이 없는 남자' 라는 딱지가 붙었다.

이번에 그 남자는 술좌석에서 엄청 취했다. 그러자, '술을 절제 못한다.' 는 딱지가 또 붙었고, 게다가 복장도 제대로 입고 있지 않아서, 결국 '일솜씨도 깔끔하지 못하다.' 는 평가가 주어졌다. 이 평가가 그에 대한 주위 사람들의 선입관이 되어갔다.

"아무리 생각해도 영업하는 사람이 하는 듯한 듣기 좋은 이야기다."

"○○지역 인간은 핑계만 대니 참 난처할 때가 많아."

하고 사람들은 곧잘 말한다. 각기 그렇게 생각하게 된 무슨 계기가 있었다고 하더라도, 실은 자신이 품었던 선입관에 맞춰 들으려고 했던 것이다. 이야기를 들을 때 선입관은 일단 제쳐놓고, 가능한 한 백지에 가까운 상태에서 대화에 임해야 한다.

■■ 말을 잘 듣는 미국인, 잘 떠드는 일본인?

스즈키는 롯본기의 술집에서 미국 유타주에서 온 젊은 미국인 존과 친구가 되었다. 마음이 맞은 둘은 맨션을 빌려 함께 살게 되었다. 스즈키에게는 영어 공부도 되고, 좋은 조건이었다.

함께 생활한 지 꼭 반년. 스즈키는 미국인도 참 다양한 사람들이 있다는 점을 깨달았다고 털어놓았다.

첫째로 존은 이야기를 잘하고 스즈키가 이야기를 하면 잘 들어준다. 그리고 스즈키가 침묵하고 가만히 있으면 "왜 그래? 회사에서 무슨 일 있었어?" 하고 이야기를 재촉한다. 또 스즈키가 서툰 영어로 말하면, "알았어" "어서 말해봐." 하고 격려해준다.

둘째로 존에게는 세심한 부분이 있어서, "어제 내가 한 말에 혹시 신경 쓰는 거 아닌가." 하고 걱정하던 일도 몇 번인가 있었다고 한다. 또 일본인 여자친구들과 미팅을 나가서는 "나, 일본어를 잘 못해." 하고 머뭇거렸다. 결국 스즈키가 대화를 고조시켰다. 여자 친구들에게 "이거 뭐, 어느 쪽이 미국인인지 모르겠는걸." 하고 말하자, 여자친구들은 "넌 일본인치고는 너무 말이 많아." 하고 말해 모두들 박장대소했다.

　미국인은 이렇다, 이태리인은 이렇다, 중국인은 이렇다 하고 틀에 박힌 견해로 그들을 대하는 일은, 상대방을 이해하는 데 장애가 된다. 사람의 말을 들을 때는 선입관, 고정관념, 편견 등을 가능한 제거하고 백지 상태에서 들어야 한다. 이것이 가능하면 듣는 방법도 프로다워진다.

5. 겉모습에 좌우되지 않고 듣는다

■■ **사람은 겉보기와 다르다**

사람은 눈으로 들어오는 정보에 강하게 영향을 받는다. 겉모습에 반응해서 유쾌하거나 불쾌한 감정이 자극받기 때문에 '느낌이 좋다, 나쁘다.' 하고 순간 결정해버리는 경향이 있다.

한 사회심리학자의 연구에 의하면 사람들은 겉모습이 좋은 사람은 재능이 뛰어나고, 친절한 마음씨, 성실함, 지성을 갖는다고 자동적으로 생각해버리는 경향이 있다고 한다.

겉모습 즉 복장, 태도, 표정 등은 인간의 가치를 있는 그대로 나타낸다고는 할 수 없다. 이야기를 들을 때도 화자의 표면에만 반응하지 말고 그 이면에 있는 화자의 마음, 인품, 말하는 내용 등을 파악하도록 유념해야 한다.

■■ 들을 때 주의할 점

① 복장, 태도, 언행에 현혹되지 않는다

캐주얼한 복장을 한 사람과 제복을 입은 사람이, 길을 가던 사람에게 말을 걸고 간단한 부탁을 한다는 실험을 한 적이 있다. 결과는 제복을 입은 사람의 부탁에 많은 사람이 응했다.

세상에는 근사한 복장을 하고 상대를 속이는 인간도 있다. 복장이 좋고 나쁨으로 이야기를 듣는 일은 고치는 게 좋다.

또 겸손하고 언뜻 보기에 얌전한 상대면 만만하게 보고, 이야기를 잘 들어주지 않거나 하는 경우도 있다. 하지만 거물, 진짜 실력자일수록 겉모습은 신사적인 법이다. 자칫 방심하면 듣고 있지 않는다는 사실을 간파당해, 그 후로 당신을 상대해주지 않을 위험이 있다.

② 과묵한 사람, 목소리가 작은 사람의 말에 주목하라

말수가 적고 말하더라도 조금밖에 떠들어대지 않는 사람이 있다. 속삭이는 듯한 작은 목소리로 이야기하는 사람도 있다. 활기차게 잘 말하고 목소리도 큰 타입은 눈에 띄기 때문에, 청자도 그쪽으로만 주목해서 귀를 기울이기 쉽다. 한데 과묵한 사람이나 조용하게 말하는 사람에게도 당연한 말이겠지만 하고 싶은 말은 있다.

이러한 사람들의 말에도 귀를 기울이자.

③ 시각정보를 차단해본다

텔레비전의 일기예보를 볼때 기상캐스터의 겉모습이 마음에 들지 않으면 "저 사람이 하는 예보는 맞지 않아." 하고 에누리해서 듣기 쉽다. 라디오라면 목소리를 듣고 들리는 내용을 그대로 알아 듣고, 쓸데없는 일은 생각하지 않는다. 귀를 기울이고 목소리만 듣는 것도 겉모습에 좌우되지 않고 듣는 방식의 한 가지다.

'겉모습' 에 눈을 흐리지 않도록 하자.

6. 알려고 하는 의욕을 갖고 듣는다

■■ 곧바로 포기하지 않는다

누구나 이해하기 쉬운 이야기를 한다면 듣는 일도 어렵지 않다. 하지만 직장을 비롯한 우리 생활에서 이루어지는 대화는, 다음과 같은 상황이 늘 발생한다

- 연장자나 상사의 이야기는 생략이나 함축이 많아서 이해하기 어렵다
- 담당자의 이야기는 불필요한 부분으로 너무 상세해서, 필요한 핵심을 잡기 어렵다
- 스태프나 엔지니어의 이야기는 마구잡이식 전문용어가 많

■■■ 이야기를 들을 때의 두 가지 태도 ■■■

수동적인 태도	적극적인 태도
• 들어도 도저히 이해할 수 없다	• 호기심을 가지고 듣는다
• 필요할 때 들으면 된다	• 지금 알 수 있는 부분만이라도 들어둔다
• 화자의 설명이 서툴러서 들을 기분이 나지 않는다	• 정리하면서 듣는다
• 예비지식도 없는 채 듣는다	• 미리 사전조사를 해둔다
• 표현된 내용만으로 반응한다	• 의미를 보충하거나 헤아리면서 듣는다
• 질문하지 않는다(떠오르지 않는다)	• 질문한다

아서 어렵다

• 속사포로 지껄여대는 사람이 있어서 이야기를 따라갈 수 없다

하지만 그렇다고 해서 청자가 화자에게만 책임을 전가해서는 듣는 힘은 향상되지 않는다.

'아는 기쁨'을 맛보기 위해서 인간은 기본적으로 '알고 싶다' '이해하고 싶다'는 욕구를 가지고 있다. 따라서 우리들은 모르는 일을 이해했을 때, "얏호 신난다!" 하고 소리치고 싶어지는 듯한 기쁨을 느낀다.

가령 요점을 얻지 못한 이야기나 어려운 이야기라도 알고 싶다는 본래의 욕구를 되찾고 포기하지 않고 듣는 태도를 기르자. 어떤 태도와 자세로 이야기를 듣느냐에 따라서 이해도도 달라지는 법이다.

7. 알기 쉽게 말하도록 만드는 법

■■ 화자의 태도를 바꿔라

수동적으로 듣는 사람은 화자에게 휘둘리기 쉽다. 화자의 이야기
가 난해했더라도 듣는 태도가 제대로 듣고 있는 것처럼 보이지 않
았다면 대개 반대로 화를 초래한다. 특히 선배, 상사의 반론은 눈
에 보인다.

"과장님, 이야기를 이해하기 힘든데요……."

"제대로 듣고 있지 않았나. 그럼 알아먹어야지."

"처음 듣는 이야기라서 어렵고 잘 이해할 수 없었습니다."

"원래 알고자 하는 마음이 애초부터 없었던 게 아니야."

상사와 선배로부터 이런 식으로 꾸중을 듣는 것은 듣는 방법이

수동적이기 때문이다. 알려고 하는 의욕을 보이고 중요한 이야기나 키워드라고 생각되는 단어가 나오면 메모를 해야 한다. 애매해서 할 수 없다고 생각되면 질문을 던지면 되는 것이다. 알아듣지 못했다면 되묻는다.

이러한 태도로 들으면 이상하게도 화자는 보다 열심히, 그리고 보다 알기 쉽게 말하려고 하는 법이다.

■■ 제대로 들었을 때 요구도 할 수 있다

듣는 사람에게는 청자의 책임이라는 것이 있다. 그것은 화자가 하는 이야기를 제대로 듣는 일이다. 적어도 '어차피 들어봤자 몰라.' 하고 처음부터 방관해서는 안 된다.

최소한 그렇게 들었을 때 화자에게 "알기 쉽게 이야기해주지 않겠습니까?" 하고 요구할 수도 있다.

세미나가 끝나고 강사에 대한 설문조사를 한 적이 있는데 "이야기가 어려웠다." "이야기가 추상적이었다."는 조사 결과가 있었다.

분명 강사의 말투 등에 문제가 있는 경우도 몇 퍼센트는 있었을 것이다. 만일 그렇다고 한들 수강자에게 책임이 없다고 하면, 그것도 아니다. 제대로 듣고 있었는데도 알기 어려웠다면, 표정으로 사인을 보내거나 질문을 해서 화자에게 주의를 환기시키면 좋았을 것이다.

화자만 책망해서는 듣는 힘은 자라지 않는다. 청자의 적극적인 자세에 화자도 자극을 받아, 가능하면 이해하기 쉽게 이야기하려 들 것이다.

8. 주제를 먼저 파악한다

■■ **어떤 이야기에도 주제가 있다**

사람이 이야기를 하는 것은, 말하고 싶은 것, 즉 의견이 있기 때문이다. 하지만 말하고 싶은 것이 명확하게 표현되지 않는 이야기도 있다.

'이 사람은 도대체 무엇을 말하고 싶은 거야.' 하고 고개를 갸웃했던 경험은 누구에게나 있을 것이다. 화자 자신도 왠지 혼란스럽고 말하고 싶은 것이 확실하지 않은 경우도 있다.

화자는 자신의 의견을 명확히 하는 일이 무엇보다 중요하다. 그러기 위해서는 자신이 가장 말하고 싶은 것, 즉 주제를 한 줄로 정리해보면 좋다.

청자는 '상대는 무엇을 말하고 싶은 걸까' 한 마디로 말하면, 무엇을 전하고 싶은 거야' 하고 주제를 파악하도록 노력할 것. 그러한 노력을 하지 않고, '무슨 말이 하고 싶은 거지?' 하고 성급하게 불평을 쏟아 붓는 태도는 삼가는 편이 좋다.

상대도 책망을 당하면 "지금부터 말하려고 했었다!" 하고 시비조로 응한다. 실제 이러한 대화를 주고받는 것을 자주 보는데, 그다지 보기 좋은 모습은 아니다.

■■ 주제를 파악하는 방법

영업기획팀의 한 팀원이 지점별 영업성적에 대해서 그래프를 사용해서 이야기하기 시작했다. 듣는 사람 중 한 명이 작성한 그래프의 사소한 부분을 지적하면서 보기 힘들다, 막대그래프보다 꺾은선그래프가 더 알기 쉽다고 말을 꺼냈다.

이렇게 해서는 나무를 보고 숲은 보지 못하는 꼴로, 중요한 주제를 파악할 수 없게 된다. 어떤 목적을 위해서 그래프를 작성했기 때문에 화면에 몇 가지 막대그래프가 비추어지지만, 각 그래프가 어떤 관련이 있는지 하는 설명을 통해서, 화자가 무슨 말을 하려고 하는지 다 듣고 난 시점에서 확인한다. "지점간의 성적격차를 적게 할 필요가 있다고 말하고 싶은 거네요." 하고 말하는 식으로.

이것을 정리해 보면 다음과 같다.

① 처음부터 세세한 부분에 반응하지 않는다.

② 마음에 걸리는 부분이 있더라도 일일이 반응하지 않는다.

③ 끝까지 이야기를 듣는다. 도중에 의견을 말하지 않는다.

④ 전체를 통해서 무엇을 말하고 싶어 하는지를 생각한다.

⑤ 주제를 말해서 상대에게 확인한다.

9. 이야기는 정리해서 듣는다

■ ■ **이해하기 힘든 이야기란**

이해하기 힘든 이야기의 특징은, 정보가 조각조각 나온다는 것에 있다. 이야기가 여기저기로 튀기 때문에 청자는 연결고리를 붙잡는 데 고심한다. 예를 들어 다음과 같다.

어떤 사람이 수마트라 섬에서 발생한 지진 이야기를 하고 있는 듯했는데, 갑자기 10년 전의 한신대지진 때, 자신이 전날까지 고베에 있었다는 말을 한다. 그러는가 싶더니 지금 고베는 표면상은 복귀한 듯이 보이지만, 여러 문제가 남아 있는 것 같다며 3일 전에 오사카에 출장 갔을 때 고베 사람으로부터 들었던 현재의 이야기로 돌아온다.

이야기 끝에는 느닷없이 결론을 내리는 듯한 이야기가 튀어나온다.

"일본은 조만간, 플레이트 경계형의 대규모 지진이 발생해서, 큰 여파에 휩싸인다고 하는데, 난 일본인으로 태어나서 다행이라고 생각하네. 자넨 어떻게 생각해?"

아무래도 화자가 말하고 싶은 것은, 마지막의 "일본인으로 태어나서 다행이다."는 말 같았다. 한데 이 주제와 뜨문뜨문 말해진 지진 이야기와는 어떻게 연결지으면 좋을까. 이대로는 이해하기 어렵다.

■■ 정리해서 순서를 세우고 듣는다

'안다'는 것은, 이해하는 일. 알기 위해서는 항목으로 나눠서 정리하면 좋다. 조각조각인 정보도 정리해서 들으면 항목간의 연결고리도 확실해져서 간결한 이야기로 들을 수 있게 된다. 앞에서 말한 이야기를 되짚어보면서 정리해보자.

우선 10년 전의 한신대지진 이야기다.

- 지진도 그렇지만, 그 이상으로 화재가 퍼져서 큰 피해를 초래했다
- 피난민을 도우러 전국에서 많은 봉사자가 달려 왔다

다음으로 수마트라 섬의 지진 이야기다.

- 지진발생 후, 여파가 덮쳐서 많은 희생자가 나왔다
- 부모를 잃은 아이들도 많이 있는데, 엎친데덮친격으로 그들은 인신매매를 당하고 있다고 한다
- 일본에서는 그러한 일은 일어나지 않으며 생각할 수도 없다

그리고 조만간에 일본도 대규모 지진에 휩싸일지도 모르지만, 일본은 재해의 혼잡함을 틈타서 범죄가 다발하는 나라는 아니다. 즉 '일본에 태어나서 다행이다.' 는 주제가 확실하게 드러난다.

정리하면서 들으면 이야기는 이해하기 쉬워지고 사뿐히 머릿속에 들어간다.

10. 생략된 부분을 보충해서 듣는다

■■ 무심코 듣고 만족하고 있지 않는가

영업직원인 우에다가 다음과 같은 이야기를 했다.

"영업담당 기요미즈 씨와 함께 A사를 방문했는데 말이죠. A사에서는 요번에 현재 관동지구에 있는 것과 별도로, 또 하나의 물류 센터를 만든다나 봐요. 기요미즈 씨는 연신 굉장하다고 감탄했는데요."

우에다가 가져온 이 정보만으로는 단순히 물류 센터가 생긴다는 말에 지나지 않는다.

첫째로 우에다가 무엇을 위해서 A사를 방문했는지가 밝혀지지 않고 있다. 두 번째로 물류 센터를 어느 지역에 어느 정도 규모로 세우는지에 대한 부분이 상세하지 않고 명확하지 않다. 셋째로 A사는 이 시기에 무슨 필요가 있어서 새로운 물류 센터를 세우는 지 모른다.

만약 우에다가 위의 사항에 대해서 A사 담당자로부터 캐묻지 않았다고 하면, 듣는 방법에 문제가 있다. 상대의 설명이 부족한 점도 있지만 의도적으로 말하지 않은 경우도 생각할 수 있다. 듣는 쪽에서는 생략된 부분을 보충할 필요가 있다.

■■ 5W1H를 활용한다

다케다라는 사람이 프로젝트 멤버로부터 제외된다는 이야기를 당신이 들었다고 하자. 여기서는 5W1H를 사용해서 구체적인 사실을 확인할 수 있다.

"누가 정했지, 그 이야기?"

"리더인 마츠모토 차장님이 말을 꺼냈어."

"언제 그런 이야기가 나왔을까?"

"월요일 회의석에서."

"프로젝트가 이미 진행 중인데, 무슨 일이지?"

"실은 제외하기로 결정된 게 아니야. 다케다가 업무가 많아서 두 번 결석했더니, 세 번 이상 출석하지 않는다면 무리하지 않는 게 좋겠다고, 마츠모토 차장이 말했을 뿐이야."

언제, 누가, 왜, 하는 내용에 관한 질문으로 정확한 정보를 파악한 것이다.

앞에서 말한 우에다의 예에서도 어디에 어느 정도의 물류 센터를 세우는지를 확인한 뒤에, "이러한 시기에 왜?" 하는 중요한 점을 물으면 좋다. 다짜고짜 이유부터 묻는 질문은 상대가 경계할 수도 있기 때문이다.

11. 말의 의미를 정확하게 이해한다 ─①

■■ **공통어, 지역어의 특징**

일상 대화 속의 언어는, 누가 들어도 의미를 알 수 있는 수준이 바람직하다.

작가 시마 료타료에 의하면 일본에서 전국에 통하는 구어체의 표준어가 완성된 것은 메이지 중기라고 한다. 막부 말, 교토에 모든 영지의 무사가 모여서 회합을 거듭했는데, 츠가루의 사무라이와 사츠마의 사무라이가 표준어가 없어서 이야기가 통하지 않았다는 점이 그 배경에 있었을 것이다.

표준어가 생긴 지 약 백 년. 역사가 짧은 만큼 많은 변화를 겪었다. 특히 제1차 세계대전 뒤 세상이 크게 변하고, 생활환경도 완전히 변했다. 언어도 영향을 받고 사용 방법이나 의미도 변했다. 이렇듯 알기 쉬워야 할 일상어로서의 공통어가 시대와 상황에 의해서 변화하기 때문에 주의해서 들어야 한다.

이것에 비해서 방언은, 특정 지역 내에서밖에 통하지 않지만 각각의 지역에 뿌리내리고 지역 사람들에게 공유되고 의미가 정착되어 있다고 말할 수 있다.

■■ 자신만의 감각으로 신조어를 만드는 신세대

요즘은 텔레비전의 보급으로, 일본에서는 전국 어디에 가더라도 표준어가 사용되게 되었다. 하지만 표준어는 넓은 범위로 통용되고 누구나 알고 있는 만큼, 이미 알고 있다고 자부하고 듣다가 뜻밖에 의미가 어긋나는 경우도 있다.

가령, '피곤하다'는 단어도 그렇다.

어느 시대 이상의 사람은 통상 말하는 '체력, 기력을 소모해서 노곤해진 상태'를 가리키며 사용하지만, 젊은이들 가운데서는, 이 말을 '간다' '지겨워지다'라는 의미로 사용하기도 한다.

따라서 젊은이가 "아아, 피곤하구나." 하고 말하면, 연장자는 대단한 일도 하지 않았는데, 멀쩡한 젊은이가 피곤하다니 정신을 바짝 차리게 해주고 싶어질지도 모른다. 하지만 말이라는 것은 상대에 따라, 상황에 따라 사용 방법이나 의미가 변한다. 언어는 살아 있기 때문에 이는 당연하다.

찻집의 젊은 웨이트리스가 "이 분이 커피입니다." 하고 주문받은 것을 나르고, 계산대의 종업원이 "만 원 받았습니다." 하고 돈을 받는다. 문장이 어색하다고도 말할 수 있지만, 화자에게는 나름대로의 배경이나 이유가 있다. 어떤 의미에서 사용하고 있는지를 알아들어야 한다.

12. 말의 의미를 정확하게 이해한다 -②

■■ 전문어와 영어를 흐지부지 사용하지 않는다

전문어는 정의가 명확하기 때문에, 전문가끼리는 정확하게 전달할 수 있는 편리한 언어다. 물론 전문가 이외의 사람은 모르는 단어기 때문에 일반사람이 듣고 이해할 수 있는 일상어로 바꾸도록 요구해야 한다.

지금 일본 사회에서는 과학기술 등이 고도화되면서 엄청난 수의 전문어가 뒤섞여 있다. 이것들은 외국에서 들어온 것이 대부분이고 우리 말로 바꾸지 않고 영어 그대로로 사용되고 있다. 개중에는 적절하게 번역하기 어렵기 때문에 그대로 사용되고 있는 전문어나 영어도 있다. 또 마치 아는 듯이 듣고 있는 것사람 많을 것이다.

일전에도 기업 인사담당자가 자꾸만 '컨피던시' '벤치마크' '코미트멘트'라는 말들을 사용하면서 말했다.

나는 옆 사람에게 슬쩍 "무슨 말인지 알겠어?" 하고 묻자, "뭐, 그냥 저냥." 하고 대답했다.

'그냥 저냥'의 이해로도 별 지장이 없으면 문제는 일어나지 않지만, 중요한 거래 상담이나 계약 이야기를 할 때에 이러한 말들이 나오면 어떨까. 당연히 확실히 이해될 때까지 발언하면서 확인하지 않으면 안 된다.

■ ■ 서로에게 가장 위험한 것은 '알고 있는 듯한' 태도

휴대전화 매장에서 있었던 일이다. 담당자가 "이 기종은 패킷통신을 빨리 할 수 있습니다." 하고 설명하고 있었다. 나는 '패킷통신'이란 게 무엇을 말하는지 이해할 수 없었다.

의미를 몰라도 몇 번인가 듣는 가운데 귀에 익어서 알 것만 같은 기분이 들어서, 자동적으로 흘려듣게 되는 일도 많다. 화자에게도 청자에게도 이것은 무서운 일이다.

자주 사용되는 영어를 이해하기 위해서는 가능한 한 우리말로 바꿔 말하는 것도 한 가지 방법이다. 그것에 의해서 의미를 깊이 생각하게도 된다.

또 언어의 의미를 정의해서 명확하게 하는 일도 중요하다. '코

퍼레이션'은 '협동'이라고 번역되지만, 협동만으로는 구체적인 내용을 알 수 없다. '분야가 다른 사람들이 서로 협력해서, 창조적으로 문제해결을 꾀하는 일'이라고 설명하면 보다 이해하기 쉬울 것이다.

13. 이유나 근거를 생각해서 듣는다

■■■ 부하가 보고하지 않는 이유

일은 잘하는데, 보고를 하지 않는 부하가 있었다. 몇 번이나 주의를 주었지만 효력이 없었다.

"보고는 당연한 일인데 왜 못하나?"

상사는 나무랐다. 하지만 부하는 못하는 게 아니라 하지 않는 것이며, 보고하지 않는 이유가 있었던 게다. 그의 주장은 이랬다.

"보고해도 그에 대한 지시도 충고도 질문도 없었습니다. 반응이 없으면 보고해도 의미가 없다고 생각했습니다."

부하의 주장을 상사는 이해했다. 그는 일을 잘하기 때문에 아무 말 하지 않아도 좋을 것이라고 생각하고 있었는데, 그것이 반대로 그를 불만스럽게 만들었던 것이다. 이유를 알고, 상사는 다음부터 보고에 대한 의견이나 감상, 대책 등을 말하겠다고 약속했다.

보고하는 일을 당연하다고 생각하지 않는 부하에게는 보고하는 이유, 근거를 생각하게 해야 한다. 즉 보고는 상대에게 판단의 재료를 주고 안심시키기 위한 것으로 이러한 사실을 이해한다면 적극적으로 보고를 하게 된다.

■ ■ '왜?' 라고 생각해서 질문하는 습관

"이야기를 들을 때는 메모를 하는 편이 좋아요."

"근데 난, 메모를 하는 일이 싫어요."

쌍방 모두 메모를 하는 일의 의의나 장점, 싫어하는 이유에 대해서는 언급하지 않는다. 중요한 점에 대해서 피하고 그저 의견만 주고받고 있다.

왜 메모를 하는 게 좋은가. 빼놓고 듣는 일이 적어지기 때문이다. 메모한 내용은 기억 속에 확실히 남고 보존이 용이하다는 이점이 있다. 이것을 설명하면 단순한 꺼림에서 벗어날 수 있다.

메모를 하는 이유를 모를 때는 상대에게 질문한다. "메모를 하면 어떤 장점이 있을까?" 하고 온화하게 물어보면 된다. 이유를 생각하고 질문하는 것은 대화를 통해서 서로를 이해하기 위한 중요한 일이다.

14. 이야기는 끝까지 듣는다

■■ 지레짐작하는 버릇을 고친다

"하나를 들으면 열을 안다."는 말이 있다. 머리의 회전이 빠른 사람을 두고 하는 말로 이 격언은 반드시 플러스로만 작용한다고는 말할 수 없다.

그것은 첫째로 머리가 좋은 점을 보여주려고 한다는 점이 마이너스로 작용하는 것이다. '어때, 난 이해가 빠르지.' 하고 자신을 과시한 나머지, 자신의 이야기를 들어주었으면 하고 바라는 상대의 마음을 무시하게 된다.

두 번째로 하나를 듣고 열을 아는 사람은, "거참 번거롭게 하네. 한 마디 하면 난 이해한다니까." 하고 상대를 재촉한다. 상사나

선배에게 이런 식의 말을 들으면 부하는 당황해서 잘 말할 수 없게 된다. 개중에는 화자가 무슨 말을 하려고 하면, "네가 무슨 말을 하려는지 안 들어도 안다." 하고 이야기를 막아버리는 사람이 있다. 부모가 이런 행동을 하면 아이는 반발심을 품게 된다.

세 번째로 머리가 좋은 것과 경솔한 것을 착각하는 것이다.

경솔한 사람이 청자의 역할을 하면, 자주 하는 일이 '지레짐작'이다. 화자가 하는 말을 조금 들었을 뿐인데, "아아, 그거!" 하고 아직 말하지 않은 사항으로 붕 건너뛰고, "그러니까, 그 일은 자치회에서 이야기가 나온 대로……." 하고 먼저 이야기를 앞질러 간다. 때론 이야기가 그런대로 맞물려가는 경우도 있지만, 대부분은 상대를 "어라? 이거, 무슨 이야기를 하고 있는 거야?" 하고 깜짝 놀라게 만든다.

이야기를 앞질러 가는 것은, 가령 상대의 이야기를 알아맞히더라도 환영받지 못한다. 상대의 말하는 기쁨을 빼앗고 있기 때문이다.

■■ 끝에 말하고 싶은 것이 나온다

일본인들의 화술의 특징은 말하고 싶은 내용이 끝에 나온다는 점이다. 화자가 청자의 반응을 보거나 낌새를 살피면서 이야기하기 때문에 중요한 사실은 좀처럼 입에서 나오지 않는 것이다.

그래서 상사에게 하기 어려운 말을 할 경우 특히 신경이 쓰이고, 처음에는 상대를 치켜세우고, 끝에 가서 가장 하고 싶었던 말을 살짝한다. 이러한 언어습관이 아직 남아 있기 때문에 끝까지 잘 듣지 않으면 중요한 점을 흘려버린다.

잘 듣는 일은 서두르지 않고 끝까지 이야기를 듣고 상대가 말하고 싶어 하는 점을 확실하게 알아듣는 일이다.

15. 집중력을 높여서 듣는다

■■ 귀를 기울이고 듣는 일의 중요성

내용을 정확하게 이해하기 위해서는 이야기에 집중하고 마음을 쏟고 들어야 한다.

- 어떤 의미인가
- 화자는 무엇을 말하고 싶어 하는가
- 단어에 나타나지 않은 부분에 무엇이 있을까

이러한 것들을 알아들을 수 있는지는, 어디까지 집중력을 높일 수 있는가에 달려 있다.

《살짝 귀를 기울이면》의 저자인 산노미야 마유코는, 눈이 불편하기 때문에 실체를 파악하는 데 오로지 귀를 사용한다. 그 집중력은 정말 대단하다.

그녀는 말한다.

"귀를 기울여서 들으면, 가령 주택가에 쏟아 붓는 빗소리라도 여러 가지 사실을 말해준다. 양철지붕, 빗속에 버려진 자전거, 굴러다니는 빈 깡통, 차에 깔린 시트, 커다란 문, 그런 거리의 경치를 나에게 가르쳐준다."

스스로 소리를 내지 않는, 무(無)에 가까운 길거리도 빗소리에 귀를 집중시키는 것으로 구체적인 모습을 드러내는 일이 가능한 모양이다.

사람의 말을 듣는 데에도 집중하면 때로는 화자의 마음의 움직임까지 알아들을 수 있다.

■■ 집중력은 어떻게 높이는가

집중력을 높이는 방법은, 한 마디로 말하면 알고 싶은 욕구를 강하게 갖는 것이다. 이야기를 듣고 그가 무엇을 말하고 싶어 하는지, 이야기에 부족한 부분은 무엇인가, 이러한 욕구가 강할수록 집중력은 높아진다.

어린 시절, 누이와 둘이서 어머니가 돌아오시기를 기다리던 일은 지금까지도 선명하게 기억에 남아 있다.

아버지가 돌아가시고 어머니는 당신 혼자서 우리들을 부양했기 때문에 일주일에 몇 번이나 밤 9시나 10시가 넘어서 돌아오시는 경우가 많았다.

'늦으시네.' '무슨 일 있나?' 하고 누이와 둘이서 생각하고 있으면, 발자국 소리가 들려온다.

'엄마인가?'

무언으로 서로 질문하고 귀를 기울인다. 다가올수록 엄마인가 아닌가 하는 사실이 식은땀을 흘리며 기다리는 우리에게는 금세 구별이 갔다. 집중력은 강한 욕구로 유지된다.

16. 메모를 하며 듣는다

■■ **필기구를 가지고 다니는 사람이 줄었다**

지금 젊은 세대는, 메모를 잘 하지 않는다.

그것은 결코 게을러진 탓은 아니다. 컴퓨터나 메모까지 가능한 휴대전화를 비롯해서 편리한 기계에 둘러싸여 있으면 일일이 메모를 할 필요가 없기 때문이다.

그러고 보니 이러한 얘기는 젊은 사람들에게만 해당하지 않고 나이든 사람들도 마찬가지다. 원래 필기용구나 수첩은 휴대하고 있지 않을지도 모른다.

이야기는 순간순간 사라져간다. 요점을 메모해두지 않으면, 아무리 잘 들어도 가물가물해지는 법. 기억보다는 기록이지 않을까.

■■■ 메모를 하는 방법 ■■■

1. 주제를 한 줄로 적는다

2. 요점을 개별 항목으로 적는다

3. 선을 긋거나 괄호를 쳐서 관계를 명시해둔다

4. 에피소드, 격언, 키워드 등을 적는다

5. 인명, 지명 등의 고유명사, 숫자 등으로 필요한 부분을 적는다

6. 질문사항을 간결하게 적는다

7. 떠오른 생각, 연상 등을 적는다

■■■ 메모의 효과

메모하면서 듣는 일의 장점은 다음과 같다.

- 펜을 쥐고 손을 움직이며 쓰는 일로, 기억에 남는다
- 이야기를 정리할 수 있다
- 메모로써 남겨두면 나중에 되돌아보는 일이 쉽다
- 키워드, 각 대사 등을 적기 때문에 언어에 민감해진다
- 질문을 생각하게 되어서 이야기를 그대로 받아들이지 않는 태도가 몸에 붙는다

• 들은 정보가 형태로 남기 때문에 확실하게 보존할 수 있다

　메모를 하는 방법으로 그 사람의 듣는 자세도 듣는 능력도 알
수 있다. 키워드나 포인트를 집어서 용이하게 요점을 얻는 메모로
이야기를 제대로 알아듣도록 하자.

이야기를 정확하게 알아듣자

■ 이야기는 끝까지 듣는다
■ 주제를 알아듣자

제4장 화자의 기분까지 헤아리는 기술

입으로 나온 말만 들어서는 말 잘 듣는 사람으로 가는 길은 멀다. 이야기를 제대로 듣는다는 것은, 말 속에는 없는 상대의 기분까지 헤아리면서 듣는 일이다. 여기서는 상대의 표정이나 언어의 톤을 관찰하거나 반론을 자제하는 일도 필요하다.

1. 먼저 듣는 역할을 자임한다

■■ 1번이 곧 1등은 아니다

당신 주변에 말하지 않고서는 가만히 있지 못하는 상사나 연장자는 없는가. 회의나 협상 자리에서 "우선, 나부터 말하게 해줘." 하고 자기가 하고 싶은 말만을 장황하게 늘어놓는 사람이다.

이런 사람들은 부하나 어린 사람이 이야기를 꺼내면 "기다려 봐요. 내 이야기를 먼저 들으세요." 하고 차단해버린다.

그런데 맨 먼저 말을 꺼낸 결과는 그리 좋지 않을 수가 있다. 상대의 입장에서 보면, '하고 싶은 말이 있었는데.' '내 기분을 들어줬으면 했었는데.' 하고 본의 아니게 듣는 역할로 돌려졌기 때문이다.

마지못해 듣고 있는 심정도 모르고, 태연스레 말하고 있는 상사, 선배를 눈앞에서 직접 보고 있으면 부하는 완전히 의욕을 잃는다.

먼저 말하려고 하는 사람에게는 '난 선배니까 넌 잠자코 있어.' 하는 마음이 작용한다.

하지만 가장 먼저 말하면 가장 유리하다고 생각하는 일은 잘못된 판단이다.

■■ "먼저 하세요."

일본인은 서로 양보하는 정신이 매우 강한 민족이다.

가령 좁은 길을 차로 달리고 있고 맞은편에서 차가 오면, 상대를 먼저 알아차린 쪽이 재빨리 옆으로 비켜서 기다려주는 법이다. 먼저 통과한 쪽은 "고맙습니다." 하고 답례를 하고, 기분 좋게 지나간다.

이러한 양보 정신이 최근에는 많이 희미해지고 있다.

위와 같은 상황에서 두 대의 자동차는 선 채로 서로 노려본다. 결국 어느 한쪽이 어쩔 수 없이 후진을 하게 되지만 불쾌한 기분이 남을 뿐이다.

말할 때도 "먼저 하세요." 하고 상대에게 기회를 제공하고, 청자의 역할을 하면 이야기도 부드럽게 풀린다. 아이가 말을 할 때, "알았으니까 아빠가 하는 말을 들어요." 하고 강제로 이야기를 하는 것이 아니라, "자아, 이야기해보세요." 하고 듣는 역할을 맡는 것이 좋다. 먼저 들으면 아이의 기분도 알고, 자신의 이야기를 들어준 아이도 만족한다. 또한 아이는 부모님의 말씀에도 귀를 기울이려고 한다.

"내 이야기를 들어주기를 바란다면 상대의 이야기를 먼저 들어준다."

어떤 상대에게도 통하는 명심해두어야 할 한 마디다.

2. 화자의 원망에 현혹되지 않고 듣는다

■ ■ 보고자의 기분에도 귀를 기울인다

비즈니스에서는 자주 "결론을 먼저 말하라."고 가르친다. 그것은 그것대로 중요한 일이지만 듣는 사람의 경우, 결론을 듣는 일을 서둘러서는 안 되는 면도 적지 않다.

단골 고객과 신규계약을 하러 나갔던 부하가 귀사를 했다. 상사라면 결과가 궁금하다.

"어땠어. 잘 되었나?"

"저 그게, 어쨌든 상대는 엄격한 사람이니까요. 저도 필사적으로 매달렸는데요."

"그러니까, 성사가 안 되었다는 건가?"

"아니요, 안 되지는 않았습니다."

"도대체 어떻게 됐다는 거야?"

"한 번 안 된다고 했었는데, 재차 기획서를 다듬었더니 한 번 더 기회를 얻었습니다."

"왜, 그 말을 진작 하지 않았나?"

결과 이외에는 귀를 기울이지 않는 상사에게, 부하는 고집을 꺾는다. 자기가 듣고 싶어 하는 것만 들으려고 하는 것은 훌륭하게 듣는 사람이 취할 태도가 아니다. 부하는 가령 계약이 성사되지 않았더라도, 새롭게 개척한 거래처에서 열심히 끈질기게 노력한 업적을 평가받고 싶은 것이다.

독일의 시인 괴테는 "사람은 모두 알고 있는 것만 듣는다."는 말을 남겼다. 여기에 한 줄 덧붙이자.

"사람은 모두 듣고 싶어 하는 것만 듣고 싶어 한다."

■■ 사실과 추론을 따로 따로 들을 것

또 한 가지, 똑같은 상황에서 유의해두고 싶은 것이 있다. 추론을 사실과 혼동해서 들으면 판단을 그르친다는 말이다.

"아까 부장님은 뭘 좀 아는 사람이라서요. 기획서를 마음에 쏙 들어했습니다."

"그래, 가망성이 있을 것 같나?"

"네. 틀림없이 잘되리라고 생각합니다."

"그거 잘됐네."

뭘 좀 아는 사람, 마음에 들었다 등은 추론이지 사실은 아니다. 추론이 뒷받침이 된 사실을 들지 않으면 판단이 흐려진다. 추론이란, '알려진 사실을 기초로 알려지지 않은 것에 대해서 말하는 것'이며, 여기서는 보고자의 개인적인 판단이 뒤섞인 경우가 많다.

알려진 사실을 제대로 들을 때야말로 제대로 된 보고가 이루어지는 길이다.

3. 내용뿐만이 아니라 마음까지 듣는다

커뮤니케이션이란 교환이다. 여기서 교환이란 것은 이야기의 내용
뿐만이 아니다. 감정이나 마음까지 교환하는 것이다. 내용과 감정
의 양쪽을 교환하면서 서로 이해하는 일이다.

이러한 사실은 알고 있는 것 같지만 의외로 많은 사람들이 오
해하고 있다. 그렇다면 어떤 오해일까.

첫째 용건이 있을 때 이외는 커뮤니케이션을 교환할 필요가 없
다고 생각하는 점이다.

용건, 즉 전해야 할 사항이 없으니 이야기할 필요는 없고, 들을
일도 없다고 입을 다물고 있는 사람이 있다. 이것이 오해라는 점은

다음 상황을 보면 금세 알 수 있다.

출근 도중에 얼굴을 마주한 두 사람.

"좋은 아침!"

"오늘은 춥네요."

"올해는 따뜻하다고 하는데, 아침저녁으로는 좀 쌀쌀하네요."

"우리 집 주변은 안개로 뽀얗더군요."

이야기의 내용은 전하지 않아도 별달리 지장이 없는 사항이다. 그럼에도 불구하고 이런 종류의 대화를 주고받는 일은 매일 행해지고 있고, 감정교류의 역할을 완수하고 있는 것이다.

두 번째 오해는, 사항을 전하는 경우에도 감정을 동반한다는 것을 간과하고 있다는 점이다.

시스템 설계를 위해서 상대와 협상을 한다고 치자. 여기서는 내용을 정확하게 알아듣고, 필요한 사항을 빠짐없이 듣는 일이 우선 중요하다. 그렇다고 해도 이런 경우 역시 상대의 감정에 귀를 기울이지 않으면 서로의 관계가 잘 유지되지 않는다.

■ ■ 상대의 감정을 풀어주어라

인간은 논리만으로는 움직이지 않는다. 마음이 통했을 때야말로 협력의 정도도 높아지는 것이다.

몇 번 설명해도 "오케이."라고 말해주지 않는 상대가 있었다. 나는 이 점을 곧 알아차리고 이야기를 전달하는 방법을 다음과 같이 바꿰보았다.

"이시가와 씨도 큰일이네요. 여러 부서에서 문제를 떠맡고 계시죠?"

"그렇습니다. 지금도 세 가지 문제를 껴안고 있어서 두 손 두 발 다 들었어요. 당신은 모를 테지만 실은 이런 일도 있었는데……."

감정을 푸는 질문은 상대의 태도를 누그러트리는 효과를 갖는다.

4. 화자의 마음을 말로 해서 되돌려준다

■■ 상대의 말로 되돌려주는 것

다음은 텔레비전에서 종종 봤던 남자와 여자의 대화다.

"자기, 화내고 있는 거죠?"

약간의 침묵이 흐르고 남자가 대답한다.

"화는 무슨."

여성은 남성의 얼굴을 본 채, 끈질기게 묻는다.

"화내고 있지 않다고?"

"응. 근데, 세상에 그런 말이 어디 있어. 내가 중요한 일을 물어보았는데 당신은 어느 쪽이나 좋다고 말했잖아."

"내가 어느 쪽이나 좋다고 대답한 것이 당신의 기분을 상하게 했군요?"

"뭐, 그런 셈이지."

여성은 남성의 기분을 상대가 했던 말을 똑같이 하면서 확인하고 있다. 이것은 '나는 당신의 기분을 이렇게 받아들였다. 이렇게 이해해도 좋겠느냐.' 고 되받아치고 있는 것이다.

■■ 반의문형으로 물어보자

사람의 기분이라는 것은 복잡한 것으로 한 가지 말에 대해서도,

- 화내고 싶어진다
- 안절부절못하다
- 신경이 쓰인다
- 불쾌해진다

이렇듯 각각 미묘하게 다른 느낌을 받는다.

텔레비전 속의 남자의 기분은 '화내고 있다' 는 것과 다르다. 따라서 "화는 무슨."이라는 말을 한 것이다. 여기서 만약 여자가 "거짓말. 화내고 있으면서." 하고 되묻는다면 남자는 신경질을 내고, "화내고 있지 않다고 말했잖아. 말이 안 통하는 여자네." 하게 되고, 여자도 "말이 안 통하는 여자라서 미안하게 됐네요." 하고 반발해버릴 것이다. 이래서는 서로의 마음만 멀어질 뿐이다.

우선 "화나지 않았지?" 하고 반의문형으로 상대의 기분을 살 핀다. 상대가 이야기를 시작하면 부정하지 말고 상대의 말을 사용 해서 되물어본다. 이것을 실천해보면 좋겠다.

5. 상대의 기분을 멋대로 읽지 않는다

■■ 알아맞히는 것이 목적은 아니다

후배가 "왜 그 일을 제가 해야만 하죠?" 하고 말했다고 치자.

이럴 때 "자네 기분은 알아. 이유도 모른 채 일 할 의욕이 나지 않는 거겠지." 하고 반응하는 사람이 있다. 그리고 "그렇지, 그럴 거야." 하고 너무 득의에 찬 얼굴을 한다. 하지만 사람의 마음을 알아듣는 것은 알아맞히는 것이 목적은 아니다. 상대의 말로 되돌려주는 과정에서 서로의 이야기를 전진시킬 것인가 말 것인가다.

"왜 그 일을 해야만 하는지 자네는 납득할 수 없다는 말이지?"

"그렇습니다. 저번 주에도 이와 비슷한 일을 제가 했습니다. 원래 이 일은 품질관리팀에서 할 일입니다. 왜 우리 팀이 해야만

합니까?"

말에 표현되지 않았지만, "납득할 수 없다."는 그의 기분을 대변해서 되돌려주는 일로, 화자는 불쾌한 감정을 토로하듯이 꺼낼 수 있었던 것이다.

■■ 상대의 기분에 동조하는 말

사람은 자신이 무엇을 느끼고 어떤 감정을 품고 있는지 늘 적절한 말로 표현할 수 없다. 특히 감정이 고양되어 있을 때, 딱 맞아떨어지는 말을 찾기란 매우 힘들다. 그래서 몇 번이나 고쳐 말한다.

젊은 여성이 이렇게 말했다.

"겨우 회사에 도착해서 문을 열었더니, 웬걸 전원이 다 와 있는 게 아닙니까. 난, 그만 놀라서……."

"설마 했다가 벌써 전원이 다 와 있어서 놀랐지?"

"그렇다기보다 당황스러웠어요."

"당황스러웠다고?"

"사실은 기뻤어요. 출근시간 전에 사람들이 다 오다니, 굉장하지 않아요?."

"굉장하지."

"그래서 난 그만 '와아! 굉장해!' 하고 말했는데……."

놀랐다, 당황스러웠다, 굉장하다…… 하고, 변화되어 가는 화자의 말을 그대로 받아치는 일로, 청자는 상대의 기분과 동조하고 있는 것이다. 언뜻 남의 말을 받아 되뇌는 것 같아도 정확하게 듣고 기분이 나타나 있는 말을 되던지고 있는 것이다.

6. 상대의 이야기를 곧바로 부정하지 않는다

이야기를 들으면 바로 부정적인 주장으로 받아치는 사람이 있다.

　"아니, 그런 말이 아니야."

　"당신이 잘못 들은 거 아니야?"

　"자네, 좀 어떻게 된 거 아냐?"

　회의석에서 다른 멤버가 발언할 때마다 "아니요, 그게 아니라."라는 말을 연발하고 결국 상대가 아무 말도 못하게 만드는 사람이 있다.

　사람의 말을 끝까지 제대로 듣지도 않고 곧바로 부정하고 싶어하는(그리고 자신의 의견을 통과시키려고 하는) 사람에게는 자신감

넘치는 사람이 많다.

미국의 경영학자 피터 드러커도, 저서 《경영자의 조건》에서, "자신은 옳고 상대방은 틀렸다고 하는 전제에서 출발해서는 안 된다."고 말하고 있는데, 사람의 말을 곧바로 부정하는 사람은 정말로 잘못된 전제에서 출발하고 있는 경우가 많다.

■■ 상대의 주장을 듣고 나서 반론하는 것도 늦지 않다

어느 회사에서 프로젝트를 막 시작하려는 단계에서 문제가 생겼다. 그리고 바로 시작하자는 의견과 내버려두면, 나중에 혼란스럽다는 의견으로 나뉘었다. 아무래도 그날은 결론이 나올 것 같지 않다. 그래서 진행하는 사람이 제안했다.

"일단 회의를 마치고 각자 생각해봅시다. 필요하면 의견 조정을 하고 나서 스타트하는 편이 좋겠습니다. 이 상태로는 문제가 일어날지도 모릅니다. 어떻습니까?"

이야기 도중, 멤버의 한 사람이 부정했다.

"소용없습니다. 백날 모여봤자 똑같습니다. 우리가 말한 대로 곧장 시작해야 합니다."

이 사람은 틀림없이 '자신은 옳고 상대는 틀리다'는 전제에서 이야기하고 있는 것이다.

일단 회의를 마칠 것을 제안했던 사람 입장에서 보면 이대로라면 혼란에 빠질 거라고 생각한 끝에 내린 발언이다. 그의 기분은

'나야말로 정말 더 이상, 논의하고 싶지 않다'는 기분일지도 모르고, '모두 머리를 식히는 쪽이 좋다.'는 생각일지도 모른다. '이쪽의 기분도 좀 알아주지.' 하는 생각도 있으리라.

상대에게는 상대의 주장이 있다. 그것을 우선 듣는 일이 먼저다.

7. 비난하는 말은 한 템포 쉬고 듣는다

■ ■ **끼어드는 화자에 대한 대처법**

이야기하는데 상대가 끼어들거나 갑자기 화내는 일이 종종 있다.

부하가 기침을 하고 있는 것을 보고, 상사가 말을 건다.

"왜 그래, 감기 걸렸나?"

그러자 부하는 덤벼들 듯이 대답했다.

"감기 좀 걸리면 안 됩니까?"

이 말을 듣고, 당신은 어떠한 반응을 보일 것인가. 걱정해서 말을 걸었는데 이런 식으로 말하는 게 세상에 어디 있냐고 화를 내며 말을 되받을까?

"누가 감기에 걸리면 안 된다고 말했나. 자네 태도가 그게 뭐야.”

들은 말에 곧바로 반응을 보이는 것은 어른답지 않다. 여기서
는 한 템포 쉬고, 서로 상대에 대해서 생각해봐야 한다.

‘상사에게 트집을 잡힐 만큼 뭔가 있었나 보다, 그 때문에 마
음에도 없는 말투를 하고 말았다.’ 이런 생각이 든다면 반성하자.
한데 사과도 못하고, 오도 가도 못하고 있다면 어떻게 해야 할까?
그렇게라도 알았다면, 먼저 웃으면서 도움의 손길을 보내준다.

‘무슨 일 있나. 무척 심기가 불편하신가 보네.’

이런 생각이 든다면 부하도 솔직하게 자신의 기분을 말로 표현
하리라.

“죄송합니다. 현장에서 여러 가지 말썽이 생겨서 그만 초조해
져서요…….”

“그런가. 현장에서 말썽이 생겼군. 괜찮으면 나에게 말해보지
않겠나?”

■■ 비난, 불평에는 우선 사과한다

“도대체 어떻게 되고 있는 거야.” “곤란하지 않은가, 이런 거라면.”
“무책임하다.”라는 상사의 질책, 고객의 불만, 동료의 불평 등 비난
받을 일도 있을 것이다.

여기서 중요한 것은, “죄송합니다.” 하고 우선 사과하는 말부
터 하고 어떠한 사정인지 말을 들어야 한다. 때로는 고의로 화를

돋우는 상대도 있기 때문에 시비는 걸지 않도록 할 것. 물론 잘못이 있으면 정중하게 사과한다. 잘못이 없는 경우라도 가령 약속이 다르다는 클레임이 상대의 착오였다고 하더라도, 우선 사과하고 냉정하게 오해를 푼다. 그리고 "잘됐네요. 순간, 제가 연락을 잊어버렸나 하고 생각했습니다." 하고 웃으면 그만이다.

사과하는 일은 자신의 잘못을 인정하는 일이라며 막무가내로 사과하지 않는 사람도 있는데, 우선 사과하고 한 템포 쉬고 나서 다음에 취할 태도를 생각하면 좋다.

8. 의견은 긍정적으로 듣자

■ ■ 의견은 의견일 뿐이다

당신이 진행하는 회의가 끝났다. 그때, "오늘 회의는 전혀 볼 것이 없었습니다." 하는 말을 부하에게 들었다고 하자. 그럼, 이 말을 듣고 어떻게 응할 것인가?

자신이 비난을 받았다고 생각하고, "그럴 일 없을 거야. 모두들 잘 발언하지 않았나." 하고 반론하는 사람이 있을지도 모른다. 하지만 부하는 자신의 의견을 말했을 뿐이지 청자에게 불만을 말한 것은 아니다.

자신이 비난받은 것처럼 들렸던 것은, 부하의 의견을 제대로 알아차리지 못하는 사람이다. 이런 사람들은 말한 의견에 대해서,

"그럴 일 없어." 하고 부정부터 하는 경우가 많다. 부하는 회의에 대한 불만을 들어줬으면 한 것이다. 이럴 때 상사는 발언의 이면에 있는 뜻에 귀를 기울여야 한다.

■■ 상대에게 자신을 되돌아보게 하는 방법

앞에서 든 예를 바탕으로 구체적으로 대비해보자.

• 부정의 형태로 되돌려주는 예

"그럴 리 없어. 모두들 발언하지 않았나."

"두 번 다시 그런 회의에는 참석하고 싶지 않네요."

"무슨 말을 그렇게 하는 거야. 제대로 발언도 하지 않고 불만을 말하는 쪽이 이상한 거 아냐?"

"그러니까 회의에 나오지 않는 것이 좋겠지요?!"

• 긍정의 형태로 되돌려주는 예

"오늘 회의는 전혀 볼 것 없었다고 말하고 싶은가?"

"그렇습니다. 전혀였습니다."

"그런가. 그럼, 왜 그렇다고 생각하지?"

"영업하는 사람들은 일이 있다고 해서 두 명이나 결석했고, 생산과의 야스다 씨도 바쁘다고 하며 40분이나 늦었으니까요. 저야말로 바쁘다 이겁니다."

"일을 핑계로 결석하는 사람들이 있는 회의는 의미가 없다는 말인가?"

"그렇다고 생각합니다. 불쾌해서 잠자코 있었던 저의 태도도 좋지 않았다고 생각하지만요."

상대의 기분을 이해하려고 노력하고 들으면 상대도 자신을 되돌아본다. 부정부터 하고 들어가면 논의는 되더라도, 상대의 기분을 헤아릴 수는 없다. 긍정적으로 들어가자.

9. 불평에 관대해지자

■■ **우리가 불평을 털어놓는 이유**

잘 되지 않는 일이나 생각대로 되지 않는 상대로 인해서 실망하거나 화가 나는 건 우리 일상의 다반사다.

불평이란 '지금으로서는 말해도 어쩔 수 없는 일을 말하며 한탄하는 일'이다. 즉 더 이상 어쩔 수 없는 과거의 일이 불평의 대상이다. 사람은, 불평은 말해봤자 소용없다고 알고 있는데도 불평을 늘어놓는다. 말하지 않고 담아두면 큰 스트레스가 되기 때문이다.

따라서 참는 것보다 들어줄 상대를 찾아서 불평을 늘어놓고, 스트레스를 발산시키는 쪽이 건강에 좋다. 자신이 불평 한마디 하지 않는다고 타인의 불평도 용서하지 못하는 것은, 인간답지 못한 태도다. 말할 때와 들을 때 모두 불평에 관대해지자.

■■ 불평의 대상이 되는 사람을 비난하는 일은 역효과

불평은 대부분의 경우, 욕이 되어서 표현된다.

불평을 듣는 방법으로 첫째로 "좀 더 적극적인 견해를 가져야 한다."라고 설교하지 않을 것. 상대는 그냥 들어줬으면 하고 생각하고 말했는데 설교를 당한다면, 다음에 아무 말도 하지 못하게 된다. 안심했을 때 불평을 말할 수 있듯이 마음을 열고 듣는다.

두 번째로 불평의 대상이 되는 사람을 비난하지 않을 것.

"우리 과장은 정말 화딱지가 나. 내가 말한 사실을 잊은 주제에, 자긴 들은 적이 없다고 해. 결국 내가 말하지 않은 꼴이 되어서 욕만 바가지로 먹었어. 더 이상 못해먹겠어. 빨리 다른 과장으로 바뀌었으면 좋겠어."

맞벌이인 아내가 이렇게 불평을 늘어놓았을 때, 당신이라면 뭐라고 대답했을까?

"과장 입장에서는 당신이 모르는 고충도 있어. 그렇게 나쁘게만 말할 게 아니야. 당신도 실수할 때가 있지 않겠어?"

"절대 없어. 난 확실하게 말했어. 당신은 내 마음을 알아줄 줄 알았는데, 됐어. 괜히 말했어."

"난 억울하다고 생각하고 있는데 당신 혼자 착한 척하고 뭐야!" 하는 아내의 기분을 이해하면, "그런 일이 있었구나." "그거

참 못됐네." "다음부터는 메모라도 건네줘." 하고, 불평의 상대가
돼 준다. 이렇게 너그럽고 능숙하게 들어주는 남편에게 아내도 감
사하리라.

10. 공감은 해도 빠져들지 않는다

■■ 상대의 입장이 되기 위해서는

사람은 누구라도 자신의 기분을 알아주기를 원하며 이야기를 들어 줬으면 하고 바란다. 이 욕구를 채워주는 청자는 화자에게 고마운 존재가 된다.

기분을 들어주리라 생각하고 말했던 상대가 팔짱을 끼고 굳은 표정으로 있거나 "자네야말로 좀 더 노력해야지." 하고 어떤 요구를 하면, 화자는 다음 말이 나오지 않게 된다.

앞선 말했던 예에서 남편은 아내의 이야기를 공감해서 듣지 않았다. 그녀가 화가 난 것은 그 때문이다. 그렇다고 해서 "그렇네. 알아, 알다마다." 하고 공감하는 척을 하는 것만으로는, 금세 화자가 알아차리고 만다. 그 결과 상대는 흥이 깨져서 이야기할 기분이 사라진다.

그렇다면 진정으로 공감하는 일은 어떤 것일까.

공감이란, 억울한 경험을 한 아내의 이야기를 듣고 아내와 똑같이 느끼는 일이다. 타인의 아픔을 이해하는 일도 공감하고 들을 때야말로 가능해진다. 즉 상대의 입장에 서서 상대와 똑같이 느끼는 일이 공감이다.

공감하기 위해서는 상대방과 같은 위치에 몸을 두어보는 게 좋다.

어린아이가 은행 자동인출기 주위에 쳐진 로프 밑을 몇 번이나 빠져나갔다 왔다 뛰어다녔다. 아이 때문에 다른 고객이 번거로울 것 같았다. 가까이에 있던 중년남성이 아이의 키까지 몸을 굽혀서 말을 걸었다.

"아가, 재밌니?"

아이는 큰 목소리로 "응." 하고 대답했다.

"그렇구나. 그럼, 함께 한 번만 더 빠져나가고 나서 엄마가 있는 곳으로 가자."

그는 아이와 눈높이를 맞춘 것이다. 벨기에 출신 작가인 토마 탄산플은, 저서 《'왜 이해해 주지 않지?' 하는 생각이 들었을 때 읽는 책》 속에서, "공감하는 것은 상대방의 마음의 우물에 내려가는 것이다." 하고 지적한다.

■■ 지나치게 마음을 쓰지 않는다

지나치게 공감하여 상대방 이상으로 느끼게 되면, 청자로서의 역할을 넘어서고 만다.

아내의 말을 들은 남편이 공감해서 억울해하는 것까지는 좋지만 화를 내서 "뭐하는 놈이야. 용서할 수 없어. 내가 가서 한 방 날려줄게!" 이러한 사태가 되면 도를 넘는 것이다. 같은 기분으로 상대를 이해하는 일은 필요하지만 상대방을 대신하면 청자의 역할은 없어진다.

11. 말 이외의 의미를 알아듣는 테크닉

■■ 말의 두 가지 의미

말의 의미는 사전을 찾으면 그곳에 써 있다. 통상 사람은 사전 속의 의미에 따라서 단어를 사용하고, 또 듣고 이해한다.

그렇다고는 해도 항상 사전의 의미대로 단어를 사용한다고는 할 수 없다. 그때의 감정이나 상황, 혹은 상대에 대한 작전으로 사전의 의미와 다른 의미로 사용하는 경우도 적지 않다.

사전 그대로의 의미를 '데노테이션' 이라고 부른다. 반대로사전적 의미를 포함해서 사전과 다른 의미로 사용하는 경우를 '코노테이션' 이라고 한다.

매일 일어나는 사건은 한 번뿐인 독특한 것이다. 사람의 마음도 복잡하다. 때로는 사전에 있는 의미대로 사용해서는 와닿지 않는 일도 있다. 그래서 코노테이션이 있는 것이다.

가령 부하가 "저 화 안 났어요." 하고 말했다고 치자. 상황이나 장소의 분위기를 헤아리지 못한 상사가, "그래, 화나지 않았군." 하고, 문자 그대로 반응했다면 어떻게 될까.

부하는 강한 어조로 "내가 화나지 않았을 거라고 생각하셨습니까?" 하고 되물을 것이다. 부하의 입장에서는, 상사에게 정면으로 화내고 있다고 말하기 어렵다. 어떻게 하면 화난 심정을 전할 수 있을까 생각한 순간, 나온 말이 "저 화 안 났어요."였던 것이다.

■■ 말 이외의 의미는 어떻게 알 수 있을까?

말의 진짜 의미를 알아듣는 데는 보디랭귀지가 도움이 된다.

- **어조**: 어조를 읽는다. 목소리의 어조에는 화자의 기분이 나타난다. 밝은 어조로 "그런 일, 모릅니다." 하고 말했을 경우는, 그 뒤에 "알고 있습니다." 하고 표현하고 있는지도 모른다. 또 강한 어조로 말할 때는 "무엇을 물으셔도 대답하지 않겠습니다." 하고 거부하는 의미일 경우가 많다.
- **표정**: 흔히 '얼굴에 써 있다.'고 말하듯이, "싫어요." 하고 입으로는 말해도 표정에 호의가 나타난 경우도 있다.
- **눈**: 눈은 마음의 창이라고도 한다. 협상하는 자리에서는 특히

상대의 눈을 볼 것. 말은 "어떻게 할 거예요?"라고 했어도 싸늘한 눈을 하고 있다면 '더 이상은 양보 못해'라는 의미다.

일본인은 명확하게 표현하지 않는 부분이 있어서, 말하지 않은 부분은 보디랭귀지로 나타난다. 말과 보디랭귀지가 엇갈릴 경우 거기서 말의 진짜 의미를 알아들을 만한 단서를 찾을 수 있다.

이것이 바로 상대를 잘 보고 들어야 하는 이유다.

12. 상대의 진의를 살피는 테크닉

■■ 의도가 표면에 드러나지 않는 이야기

남녀 사이의 다음과 같은 대화를 들은 적이 있다.

"언제 한번 식사라도 하고 싶네요."

"네에, 얼마든지. 언제든 말만 하시면 저는 괜찮습니다."

"그래요. 그럼, 다음주 화요일은 어때요?"

"어머나. 공교롭게도 화요일은 안 돼요."

"그럼, 금요일은 어떨까요?"

"어…… 그러니까, 미안해요. 그날 선약이 있어요."

"언제든지 괜찮다."고 말한 여성에게 섣불리 날짜를 지정하면, "어머나" "공교롭게"라는 식으로 거절한다. 이럴 경우 도대체 본심이 뭘까 하고 망설이는 남자가 있을 것이다. "언제라도 오케이"는, 가벼운 마음으로 이쪽의 반응을 보기 위해서 한 말일 것이다.

이러한 경우에서는 의도를 명확히 하기 위해서 '그래. 그럼, 다음번에 말을 걸어볼까?' 하고 한 번 가볍게 빠져나오는 쪽이 좋을지도 모른다. 마음을 끄는 말을 해서, 상대의 상황을 보는 것이다.

그런 대화가 자주 있고, 겉으로 나타나지 않은 화자의 의도를 읽어내지 못하고 고민하는 청자도 있다.

기분 좋은 말은 곧이듣지 않고, "좋네요." "고마워요." 하고 받고, 마음 한켠에 담아두는 정도로 듣는 것이 좋다. 시간이 지나는 동안에 냉정해지고, 의도를 알 수 있게 되는 법이다. 상대도 그것을 요구하고 있다고 말할 수 있다.

■■ 상대는 무엇을 알고 싶어 하는 걸까

아침에 지각을 했다. 슬쩍 자리에 앉자마자 상사의 목소리가 날아왔다.

"자네, 지금이 몇 시라고 생각하나?"

물론 상사의 의도는 지각한 이유를 물어본 것이지 시간을 물어보는 게 아니다. 이러한 경우 호통치고 싶은 의도를 숨기려는 게 아니라 "난 화났다." "대체 언제쯤 자네의 지각하는 버릇이 고쳐지겠나." 하고 암시하는 것으로 자신에게 잘못한 점이 있는지를 생각하면 짐작이 간다.

확실하게 말을 하지 않는 사람일 경우 상대가 무엇을 요구하고 있는지를 생각하면 파악할 수 있다.

13. 사람의 마음과 통하면 진심까지 보인다

■ ■ **상사의 심한 한 마디**

한 사무기기 회사의 판매기획팀 아라키라는 사람으로부터 들은 이야기다.

어느 날, 그는 매상을 올리기 위해서 기획안을 만들어 과장에게 가지고 갔다. 과장은 이야기를 제대로 듣고 진행을 하라는 지시를 내렸지만 부장은 쉽사리 오케이 해줄 것 같지 않았다.

어떻게 할까 노심초사하고 있자니, 과장이 도움말을 주었다.

"기획안을 가져 갈 거라면, 함께 가서 응원해주지."

과장이 뒷받침을 해주다니, 이런 든든한 아군이 또 어디 있으리오.

잽싸게 둘은 부장이 있는 곳으로 갔고 아라키는 자신의 기획안을 설명했다.

다 듣고 난 부장은 과장을 향해서 "자넨 어떻게 생각하나?" 하고 물었다.

■■ 무관심을 가장한 과장의 작전

그러자 과장은 이렇게 대답했다.

"전 어떻게 되든 괜찮습니다. 아라키 씨가 열심히 할 테니까요."

아라키는 귀를 의심했다. 과장이 분명 "응원한다." 는 말과 함께 와주었던 게 아니었던가. 자신을 위해서 열변을 토해준다고 하지 않았던가.

부장은 "으음." 하고 말한 채 한참 생각했다. 결국 그 자리에서 좋은 대답은 받지 못하고 보류하기로 했다.

아라키는 과장을 원망했다.

그런데 며칠 후, 부장으로부터 오케이 사인이 나왔다.

호출이 와서 갔더니 이런 말을 들었다.

"과장은 관심이 없는 것 같았는데 이 기획안은 그런대로 괜찮네. 실행하도록."

이때서야 아라키는 과장의 의도를 파악하고 자신이 듣는 능력이 부족하다는 점을 반성했다고 한다. 즉 과장은 "사람은 설득당하면, 저항하고 싶어진다."는 인간심리—특히 상사인 경우 그런 경향이 강하다—를 실로 교묘하게 읽어내서 무관심을 가장했던 것이다.

발언자의 의도를 파악하기 위해서는 사람의 마음과 통하지 않으면 안 된다. 인간이 가진 '심술쟁이' 같은 면이나 '비딱한' 부분을 헤아렸던 과장은 훌륭하다고밖에 말할 수 없지만, 그런 점을 알아차렸던 아라키도 꽤나 훌륭한 사람이라는 생각이 들었다.

14. 침묵도 커뮤니케이션의 하나

■■ 두 가지 침묵

상대가 말해주니까 듣는 일이 가능하다. 서로 입을 다물고 침묵한다면 듣는 일은 불가능하다. 한데 커뮤니케이션에 있어서 침묵은 부속물이다. 침묵을 듣는 자가 있고, 또 침묵을 하는 자가 있을 때 커뮤니케이션은 성립한다.

침묵에는 두 가지 종류가 있다.

한 가지는 입이 무겁고, 좀처럼 떠벌이지 않는 사람의 침묵이다. 이러한 사람은 곧바로 말을 하지 않는 대신에 곰곰이 생각을 다듬고, 데우고 숙성시킨다. 막상 이야기를 할 때도 단어를 선택하는 데 시간이 걸린다. 뜸을 들이거나 오래 간격을 두면서 천천히 말한다.

그만큼 한마디 한마디에는 무게가 있다. 이럴 때 청자는 안달하지 않고 기다려야 한다.

"그래서, 어떻습니까?" "즉, 이런 것?" 하고 재촉하면, 화자는 당황해서 한층 더 말이 나오지 않게 된다. 침착하게 기다리는 것이 상대를 편하게 만든다. 기다리는 시간은 오래 느껴지지만, 아무리 길어도 일상적인 대화에서는 기껏해야 10초 정도다.

■■ 의도가 있어서 침묵하는 사람의 경우

두 번째는 일부러 침묵하는 경우다. 목적이 있어서 침묵하는 것이기 때문에 계산어린 침묵이다.

일부러 말하지 않는 것을 가장해 청자를 애태우거나, 불안하게 만들어서 자기에게 유리하도록 일을 처리하려는 화자도 있다. 자신에게 불리한 사항은 전혀 말하지 않고 유리한 정보를 상대에게서 빼내려하는 것은, 공정한 방식이 아니다. 이런 사람은 그다지 정면으로 상대를 할 필요는 없다. 긴 안목으로 보면 주변에서 경계를 하고 결국에는 손해를 보는 일이다.

청자의 역할은, 서로 정직하게 이야기하는 편이 이해도 빠르고 플러스가 된다는 사실을 알아차리게 할 것인가, 상대가 이야기할 때까지 이쪽도 침묵을 지킬 것인가 둘 중 하나다.

■■ 표현으로서의 침묵

단어로 모든 것을 표현할 수 있는 것은 아니다. 단어로 표현할 수 없는 부분은 침묵이 대신 역할을 맡는다. 러시아의 작가 안톤 체호프는 이렇게 지적한다.

"언어가 행복한 인간이나 불행한 인간을 항상 만족시킨다고는 말할 수 없다. 때문에 대부분의 경우, 침묵이 행복이나 불행의 최고의 표현으로 여겨지고 있다."

최고의 표현인 침묵을 맛보자. 침묵에 침착하게 대응할 수 있게 되면 듣는 방법도 일보 전진한다.

상대의 기분을 헤아리자

■타인의 기분을 멋대로 읽지 않는다
■상대의 말을 곧바로 부정하지 않는다

제5장 이야기를 끄집어내는 질문의 기술

처음 만난 사람과 친근하게 이야기를 해보고 싶다는 생각이 들어서 대화의 주제에 대해서 조금 더 구체적으로 물어봐야겠다고 생각한 적이 있을 것이다. 그때 유효한 것이 질문이다. 바로 이 '질문'을 잘만 던지면 이야기는 풍성해진다.

1. 질문이야말로 대화를 잘하기 위한 출발

■■ 초면이라도 질문 하나로 친해질 수 있다

우선 나의 경험담을 이야기하고 싶다. 도쿄 근교에 있는 거리에서 택시를 기다리고 있을 때의 이야기다.

오른쪽에서 예순 전후반의 남성이 개를 데리고 왔다. 왼쪽에는 쉰 살 가까이 보이는 부인이 있었다. 부인은, "귀여운 강아지네요." 하고 방긋 방긋 웃으면서 남성에게 말을 걸었다. 남성은 당황스러웠는지 묵묵부답이었다. 같은 마을 주민들이었지만 아마 초면인 것 같았다.

여성은 다시 "시바 견인가요? 털도 깨끗하고 얼굴도 잘생기고." 하고 말을 걸었다.

이번에는 남성도 마지못해 이야기하기 시작했다.

"이 개는 딸애가 떠맡긴 거예요. 나는 이제 할 일이 없으니까 시간이 억수로 많아서요."

"그럼, 원래 따님이 기르던 개군요."

"그렇죠. 바빠져서 힘들어하더군요. 하는 수 없이 떠맡으러 갔다 오는 길입니다."

"따님은 다른 곳에 사는군요?"

"딸은 홋카이도로 시집갔어요."

"에! 그럼, 홋카이도까지 갔다 오셨나요."

"그래요."

"힘드셨죠? 꽤 먼 곳까지."

"자동차로 홋카이도까지요. 그래도 시간이 꽤 걸리더군요."

"그렇죠. 아오모리까지 가는 데도 하루가 걸리니까요."

"자동차로 가도 피곤하시죠?"

"자동차 운전은 그다지 고통스럽지 않아요. 줄곧 타고 있었으니까요."

"타고 있었다고요?"

"실은 은행에 근무했어요. 윗분 기사 역할을 했어요."

■■ 점점 대화를 고조시키는 테크닉

눈앞에서 둘이 주고받는 대화를 듣고 있다가 나는 감탄해버렸다.

부인은 겨우 3분 정도의 사이에 아무렇지도 않은 질문을 하고, 맞장구를 치고, 나아가 질문을 거듭했다. 실은 많은 사실을 남성으로부터 캐묻고 대화를 고조시키고 있었다. 정말로 질문은 대화의 윤활유라는 견본을 보여준 장면이었다.

2. 관심이 먼저다

■■ 대답하기 쉬운 질문부터 시작한다

앞에서 얘기한 상황에서 두 사람은 아마 다음에 만났을 때 허물없는 사이가 되었을 것이다. 부인의 질문을 되돌아보면, 다음과 같은 점을 알 수 있다.

- 개에 대해서, 따님에 대해서, 자동차에 대한 것으로, 상대가 말하기 쉬운 것부터 질문하고 있다.
- 이야기 내용의 포인트를 확인하고 질문으로 다음을 연결시키고 있다. 따님 이야기가 나오자 "어디에 사나요?" 하고 질문하고 홋카이도라는 사실을 알자 "힘드셨겠어요." 하고, 말을 잇는

인간관계를 만든다	대화의 계기가 된다
정보를 수집한다	모르는 것을 안다
사람을 키운다 · 생각하게 만든다	상대방에게 있는 힘을 끌어낸다
말할 기분으로 만든다	자발의사를 환기한다
의견을 말한다 · 반론한다	반발을 누그러뜨린다

다.

• 자신은 청자의 역할을 하고 질문을 실마리로 해서, 상대가 이야기하기 쉽도록 리드해가며 둘의 대화는 즐겁게 부풀고 있다.

질문은 이런 식으로 상대에게 관심을 갖고 즐겁게 만들어가는 것에서부터 출발한다.

■■ 우선 관심을 갖는다

단 그녀는 방어를 하며 질문한 것이 아니다. 인간은 자신에 대해서 알아주었으면 하고 생각하는 동시에, 상대에 대해 알고 싶어하는 존재이며, 상대에게 관심만 있다면 자연스럽게 질문을 한다. 부인은 개를 너무 좋아했던 것이다.

반대로 눈앞에 상대나 개가 있어도 관심이 없으면 어떤 질문도 생기지 않는다.

일을 하면서 부득이 하게 대화를 고조시키거나 상대로부터 보다 깊은 정보를 끌어내야 할 때에는, 먼저 테마에 대해서 스스로 재미있다고 느껴야 할 것이다.

3. 의문으로 대화를 잇자

■■ **문제의식이 질문을 낳는다**

나는 말하기 강좌를 끝낸 후, '질문 있습니까?' 하고 묻는다.

이때 질문이 많으면 '오늘 수강자는 열심이구나.' 하고 생각하고, 그렇지 않으면 조금 서운한 생각이 든다. 왜냐하면 질문은 문제의식이 없는 곳에서는 태어나지 않기 때문이다.

문제의식이란, "어딘지 이상하구나." "더 잘하고 싶은데." "이렇게는 생각할 수 없을까?" 하는 의문이나 원망을 가지는 일이다. 질문은 이러한 상황에서 떠오른다.

작가 이노우에 히사시는 다음과 같은 말을 하였다.

"이야기할 수 없는 사람이란, 말하고 싶은 것이 없는 사람을 말합니다. 말이 서투른 사람이란, 말하고 싶은 것을 발견하는 것이 서툰 사람이고, 마음속에 말하고 싶은 내용을 키워가는 일에 정통한 사람을 말합니다."

위에서 '말하다'를 '질문'으로 바꿔놓아도 전혀 어색하지 않다. 말하고 싶은 사항이든 질문이든 마음속에 의문이나 바람이 없으면 나오지 않는다. 가령,

"오늘 아침에 전철 안에서 화장하는 여성에게 투덜투덜 불평을 하는 사람이 봤어요."

"아아, 그래요. 그러고 보니 볼썽사나운 사람이 있어요. 당신은 어떻게 생각해요?"

"화장을 하는 여성도 탐탁지 않지만, 불평하는 것으로 그것을 그만두게 할 수 있을까요?"

"전철 안에서 다른 승객의 태도는 어땠나요?"

"무관심하거나 모르는 척했어요."

"모두가 일제히 여성을 빤히 쳐다보았으면 어땠을까요?"

"그거야, 그 여성은 창피해하겠지요."

"불평을 말하는 것보다 효과가 있을 거라고 생각해요."

의문이 생기면 대화에 재미가 붙고 화제가 깊어진다.

■■ 질문을 준비하면 문제의식이 자란다

문제의식은 가지라고 말해도 가질 수 있는 것이 아니다. 사람과 만

났을 때, 사전에 질문을 준비하고 이것을 습관으로 하면 문제의식이 자란다.

　타사를 방문해서 목적으로 하는 사람을 만났을 경우, 얻고 싶은 정보는 몇 가지나 있을 것이다. 사전에 그것들을 정리해서 어느 타이밍에서 어떤 식으로 질문할 것인가를 검토해둬라. 아무것도 생각하지 않고 외출해서 '질문이 떠오르지 않는다, 방문한 수확이 없었다.' 고 한탄하는 것은 옳지 못한 태도다.

4. 질문으로 대화에 탄력을 주자

■■ 질문으로 인사도 할 수 있다

앞에서 말했지만, 질문의 목적은 모르는 것을 묻는 것만은 아니다. 인사 대신하는 질문으로 서로의 친밀한 관계를 확인하고 있는 것이다.

부근 회사의 사다케 사장과 우연히 만난 적이 있다.

"경기는 좀 어떻습니까?"

그러자 사다케 사장은 방실방실 웃으면서 대답했다.

"경기라면, 일본경제의 동향을 말하시는 겁니까, 아니면 우리 회사의 판매 현황을 말하시는 건가요?"

"후자 쪽입니다."

"그렇다면 대답은 간단하네. 전혀 문제 없습니다."

우리는 둘이서 "하하하하!" 하고 웃으며, "자, 그럼." 하고 헤어졌다. 여기서도 질문은 인사 대신의 역할을 맡고 있는 것이다.

■■ 대답하기 쉬운 질문으로 이야기를 이끌어낸다

초면인 사람에게 "취미는 무엇입니까?" 하고 질문하는 경우에도, 대개의 경우는 상대의 취미를 자세히 알려고 하는 것이 아니다. 대화를 계속하는 데 목적이 있다. 즉 '당신에 대해서 여러 가지 말해 주었으면 좋겠다.' 는 바람인 것이다. 여기서 대답이 "독서입니다." 라면, 나아가 질문을 계속하면 좋다.

"책은 언제 읽나요?"

"출퇴근 시간이 한 시간 반이나 걸리기 때문에 전철에서 읽는 일이 가장 많습니다."

"됴쿄 부근에 사시나요?"

"이바라기 현의 모리야라는 곳에 살고 있습니다. 경치가 좋은 만큼 불편합니다만, 조만간 '츠쿠바 익스프레스' 라는 새로운 JR 노선이 개통되기 때문에 편리해질 겁니다."

화자가 이것저것 말하기 시작한 것은, 청자의 질문이 계기가 되었다. 평소에 말수가 적은 사람이라도 대답하기 쉬운 질문을 받으면 의외로 말을 잘할 수 있다. 솜씨 좋은 질문이 발언을 촉진하고 대화를 고조시키는 것이다.

5. 친근감을 높이는 사실과 정황의 질문

■■ 목적을 명확히 한다

무엇이든 그렇겠지만 목적이 확실하지 않은 채 출발하면, 일이 잘 되지 않는다. 효과적인 질문을 하기 위해서는 우선 질문하는 목적을 명확하게 해야 한다.

질문의 목적이라고 하면, 첫째로 머리에 떠오르는 것이 '모르는 사항을 알기 위함'일 것이다. 알고 싶은 것을 묻는 질문이라도 그 내용은 다음 세 가지로 세분화된다.

- 사실
- 의견

• 감정

그리고 어떠한 것을 알고 싶은가에 따라서 질문하는 방법에 차이가 있다.

■■ 사실을 묻는 질문

나는 일 때문에 전국 각지를 다닐 때, 가능한 한 그 지방에 대해서 조사해서 가도록 하고 있다. 그리고 현지에 도착해서도 모르는 사항을 여러 가지 질문한다.

내가 니이가타 현의 산죠시에 간 것은 쥬에츠 지방이 지진으로 피해를 입은 지 얼마 안 된 2005년 2월이었다. 신칸센 츠바메 산죠 역에 정차하기 위해서 속도를 늦추었을 무렵, 오른쪽에 강이 보였다. 안개로 뒤덮인 그 한가운데로 천천히 물이 흘러갔다. 나는 목적지로 향하는 택시 안에서 운전사에게 물었다.

"오른쪽에 강이 보이는데, 저것은 시나노 강 이지요?"

"네, 시나노 강입니다. 안개에 싸여서 보이지 않지만, 양쪽은 넓은 하천부지입니다."

"산죠시는 작년, 제방이 끊어져서 마을이 물에 잠겼다면서요?"

"그렇습니다. 그래도 제방이 끊어진 것은 시나노 강이 아니라 그 지류인 이가라시 강입니다."

"그럼, 산죠시의 중심은 신칸센 역에서 꽤 떨어져 있습니까?"

"그렇습니다. 재래선인 죠에츠선에 '히가시 산죠'라는 역이 있는데, 그 주변입니다. 신칸센이 달리기 전에는 '니이츠 역'에 철도 관리국이 있어서, 꽤 번화했었어요."

"현재 인구는 어느 정도입니까?"

"8만 명 조금입니다. 산죠는 4만 명입니다."

이렇게 사실과 정황을 묻는 것에 의해서 지식이나 이야기 자료를 늘린다. 그렇게 함으로써 특히 지역 사람과 이야기를 할 때에 화제가 넓어진다. 상대는 "이 사람은 이 지역에 대해서 공부를 잘 하고 왔구나." 하고 기뻐할 것이며, 그 자리의 분위기와 이야기가 무르익을 것이다.

6. 질문할 때의 마음가짐

■■ 질문할 때의 마음가짐

원하는 정보를 입수하기 위해서는 다음 세 가지 점을 알아두어야
한다.

① 지나치게 사양하지 않는다

물어보고 싶은데 질문하지 않는 것은, '상대가 바쁜 것은 아닐
까?' 라든가, '상대가 대답하고 싶지 않은 것은 아닐까?' 하고, 신
경을 쓰기 때문이다.

상품의 판로를 정하는데, 상대 쪽에서 "아쉽게도 이번에는 타사
로 결정됐다."는 전화가 있었다. 여기서는 "어느 회사로 결정되었

는가, 결정적인 이유가 무엇이었는가?" 하고 질문해볼 것이다. 의외로 정확하게 대답해주는 사람도 있다.

② 질문을 좁힌다

"납입한 복사기의 상태는 어떻습니까?" 하고 질문하면 "그저 그래요."라는 식의 대답이 돌아올 것이다. 이것으로는 정확한 사실을 입수할 수 없다. 한 걸음 나아가서 "월말에는 복사량이 배로 증가한다고 하셨는데, 그럴 때, 복사 상태가 어떻습니까?" 하고 질문을 좁히면 좋다.

③ 질문하기 어려운 것은 은근슬쩍 묻는다

사실을 확인한다고 해도 질문하기 어려운 경우도 있다. 예를 들어 방문지 담당자의 책상 위에 경쟁회사의 팸플릿이 있을 경우 경쟁자의 움직임을 알고 싶지만 물어보기 어려운 일이다.

이럴 때는 시치미를 뚝 떼는 얼굴을 하기보다 숨김없는 어조로 물어본다.

"T사의 상품 팸플릿이네요, 이거?"

"앗, 이거요. 며칠 전, 영업하는 분이 와서 두고 간 거예요."

"그냥 두고 간 건가요?"

"꼭 이야기를 들어줬으면 좋겠다고 해서, 다음주에는 시간을 내겠다고 대답했는데요."

이 정도의 이야기는 해주리라. 이런 식으로 은근슬쩍 물으면서 라이벌의 동향을 확인할 수도 있다.

■■ 질문의 진의를 숨기고 묻는 것은 옳지 않다

사실을 묻는 질문 속에는 단순한 정보수집이 아니라, 별도로 진짜 목적을 갖는 경우가 있다.

"니시다 씨, 이번 주 토요일에 무슨 일 있나?"

"지금으로서는 별다른 일이 없는데요."

"그거 잘됐군. 자네가 도와줬으면 하는 일이 있어. 도와주게."

상대에게 부담이 될 수 있는 목적을 가지고 질문하는 경우, 사실을 확인하기 전에 용건을 미리 말해야 할 것이다. 자신의 이익만을 생각해서 하는 질문은 상대방이 싫어할 수도 있다.

7. 막연한 대답은 방치하지 않는다

■■ **사실과 의견, 어느 쪽을 질문하고 싶은가**

내가 주재하는 화술 연구소의 사무소가 있는 분교쿠 유시마 근처에는 횟집이 많다. 그 때문인지 방문자들이 "맛있고 저렴한 횟집이 어디 있습니까?" 하고 곧잘 질문을 한다. 한데 이것은 좀처럼 대답하기 어려운 질문이다.

왜 그런가 하면 질문이 " '일심' 이라는 횟집은 어디에 있습니까?"라면, 사실에 관한 질문이기 때문에 간단히 대답할 수 있지만, '맛있고 저렴한' 은, 의견에 관한 질문이기 때문이다.

이러한 경우에도 "당신 생각이라도 괜찮으니까 소개해주세요."라든가 "이 근처에서 평판이 좋은 가게는 없습니까?" 하고, 한

마디 덧붙여주면, 대답하기 쉬워진다. 사실과 의견의 어느 쪽을 묻고 싶은지 명확하게 질문한다.

■■ "더 자세하게 말하면," 하고 바꿔 묻는다

강사파견의 요청이 있었던 회사의 사원연수 담당자에게, 어떤 연수를 하면 좋겠는지 연수의 목적을 바로 파악하는 데 참고하기 위해 다음과 같이 질문을 했다고 치자.

"사토 씨, 귀사에서는 앞으로 무엇을 중점으로 사원연수를 진행시키려고 생각하시는지요."

담당자인 사토 씨의 대답이 "자기계발입니다."였을 경우에, 어떻게 대응할까.

만약 여기서 이쪽이 "자기계발입니까?" 하고 반복하는 것만으로는, 이야기가 멈추어버려서 참고로 하기 위한 정보를 수집할 수 없다.

상대의 대답을 받아서, "그렇다는 말씀은, 사원이 스스로 능력 향상을 도모하도록 분위기를 조성시키고 싶다는 것이군요." 하고 바꿔 질문한다.

■■ 막연한 대답을 방치해두면 이야기가 진행되지 않는다

의견으로서 말할 수 있는 대답은 막연한 것이 많기 때문에 말을 바꿔서 깊이 파고드는 질문을 해야 한다.

앞의 예로 말하면, 바꿔 말한 질문에 대해서 '예스'라면 "그 분위기를 어떻게 조성할까?" "그러기 위해서 어떤 계획을 준비할까?" 하는 대화의 주고받음이 전개될 수 있고, '노'라면 상대가 바라는 연수내용이 보다 선명해지고, 연수내용을 보다 구체적으로 단련해갈 수 있다.

애매한 채로 질문을 끊어서는 말을 잘 듣는 일에 능숙해질 수 없다.

8. 상대의 진짜 기분을 알기 위한 질문법

■■ **감정을 묻는 질문**

감정을 묻는 질문이란, 개인으로서 어떻게 느끼고 있는지를 살피는 질문이다.

"이번 년도의 연수계획을 어떻게 생각하십니까?"

"상층부에서 몇 번이나 검토한 계획이니까, 훌륭하다고 생각합니다."

"개인적으로는 어떻게 생각하십니까?"

"스케줄 면에서 마음에 걸립니다."

"스케줄이 빡빡해요?"

"네, 이런 일정으로 저에게 강사를 맡으라고 하셔도 난처하고

요."

이 대답으로부터 사실에 관한 질문을 할 수도 있다.

"현재, 사내 강사는 전부 몇 명인가요?"

정확한 사람의 수를 알면 상대가 벅차게 느끼는 이유도 알 수 있다. 그렇게 되면 사내 강사 양성 세미나를 조언하는 데 훨씬 수월해질 것이다.

■■ 상대의 감정을 확인하는 질문

의견을 묻는 것에서 더 나아가 상대가 '이렇게 느끼고 있는 것은 아닐까?' 하고 추측한 부분을 확인하기 위한 질문도 있다.

어느 전자제품 회사에서, 상사가 부하에게 "새해에는 C지역을 담당하도록." 하고 명령했더니, "자신이 없습니다. 다른 지역은 안 됩니까?" 하고 말했다. 그것을 들은 상사는 아무것도 모르는 녀석이라며 화를 냈다.

상사는 경쟁이 치열한 지역을 2년 정도 담당해서 피곤할 테니, 조금 편한 C지역을 당분간 맡게 하려는 배려였다. 그것도 모른 채, 부하는 중요한 지역에서 제외됐다고 받아들인 것이다.

하지만 상사는, 부하가 결코 자신이 없는 것이 아니라 재미없다고 느끼고 있는 정도로 짐작하고 있을 터. 그렇다면 다시 질문해보면 좋았을 것이다.

"자네가 느끼고 있는 대로 말해보자면 혹시 재밌지 않아서인가? 정직하게 말해줬으면 좋겠네."

이렇게 부하의 기분을 확인한 후에, 이쪽의 의견을 설명하면 된다. 부하도 설명을 듣고, 자신의 지레짐작을 깨달았으리라. 물론 이쪽의 추측이 상대의 기분과 엇갈릴 때도 있다. 당연히 그런 일이 많을지도 모른다. 한데 서로 느끼는 방식이 다르다는 점을 알면, 보다 좋은 방법을 찾아서 이야기를 나누는 계기가 생긴다. 추측하는 일을 날려버리는 방법도 알아둘 필요가 있다.

9. 사람을 키우는 질문 ①

– 잘못을 알아차리게 하는 질문 방법

■■ **질문이 나쁘면 엉뚱한 대답이 돌아온다**

요번 달 들어서 세 번 지각한 이노우에게, '대체, 이 인간은 무슨 일을 하고 있는 거야.' 하는 생각에서, 상사인 오가타 과장은 화내면서 질문했다.

"자넨 매일, 어떤 생활을 하고 있나?"

이노우에는 당황스런 얼굴을 하고 대답했다.

"평범한 생활을 하고 있습니다."

농담처럼 들리겠지만, 이것은 실제로 있었던 이야기다.

오가타 과장의 질문은 목적도 확실하지 않고, 내용도 막연하다. 이노우에의 엉뚱한 대답에 덮어놓고 웃을 수는 없다.

■■ 당연한 질문으로 본뜻을 깨닫게 한다

엉뚱한 대답에 반대로 냉정함을 되찾은 오가타 과장은, 질문의 방법을 바꿨다.

"자넨 매일 아침, 몇 시에 일어나는가?"

"7시 반입니다."

"집에서 회사까지 소요시간은?"

"1시간 20분입니다."

"아침밥은 먹고 오는가?"

"먹고 올 여유가 없습니다."

"아침식사를 하고 10분 전에 회사에 도착하려면, 몇 시에 일어나면 좋지?"

입사 2년차인 이노우에는 머리를 긁적이면서 대답했다.

"과장님, 알겠습니다. 7시에 일어나라는 말씀이시죠?"

"잘 알고 있네. 이제는 7시에 일어나기 위해서는 어떻게 하면 될까, 생각하는 것뿐일세."

■■ 캐묻는 것만으로는 의미가 없다

질문에 대답하게 만드는 가운데, 알고 있는 사실을 본인에게 확인하고 다시 해야 할 일을 알아차리게 한다. 상사의 의도는 그곳에 있고 질문도 그 선에 따라서 행해질 때야말로 좋은 질문이라고 말할 수 있으리라. 몰아세울 뿐인 질문은 어른스럽지 않다. 상대를

몰아넣고 "내가 졌다."는 말을 듣는 것이 목적은 아니기 때문이
다.

10. 사람을 키우는 질문②

– 스스로 생각하게 만드는 질문 방법

■■■ 스스로 생각하게 만드는 질문

니이가타의 쥬에츠 지진으로, 차 안에 갇혔다가 기적적으로 살아 난 4살이 되는 남자 아이가 있었다. 슬프게도 엄마는 죽었다.

남자 아이의 할머니의 이야기에 따르면, 죽은 엄마는 무슨 일 이 있으면 아이에게 곧잘 질문했다고 한다.

"너는 무엇을 하고 놀고 싶니?"

"너는 어느 장난감을 가지고 싶니?"

자신의 머리로 생각하게끔 하는 아이로 키우고 싶다는 생각이 있었기 때문이리라.

"무엇이 하고 싶냐?" "어떻게 하고 싶냐?" 하고 묻고, 상대의 생각 속에 있는 대답을 이끌어낸다. 사람을 키우는 질문의 역할이 여기에 있다.

지시만 받고 있으면, 스스로 생각할 수 없는 부하가 된다. 스스로 발상하고, 스스로 행동하는 부하가 요구되는 시대다. 그러한 부하가 자라지 않으면 곤란한 것은 상사이며 회사다.

지시에 익숙해지면 지시가 없는 상태를 불안하게 느낀다. 그러면서도 일방적으로 지시를 받으면 반발을 초래한다. 윗선에 선 자로서는 지시가 아니라 질문에 의해서 부하를 키우는 방향으로 빨리 바꾸어야 한다.

■■ "왜?" 하고 이유를 묻는다

상대가 "이렇게 생각합니다." 하고 의견을 말해오면, "왜 그렇게 생각하는가?" 하고 그 이유나 근거를 묻는 것이 좋다. 의견, 주장은 근거가 있을 때야말로 정당성이 증명된다. 단순히 떠오른 생각이나, 타인의 의견을 차용하는 것으로는 생각하는 인간으로 자랄 수 없다.

최근에는 비즈니스에서도 '속도'를 중시해서 '왜?' 하고 깊이 생각하는 일은 경시되고 있는 듯한데, 빠르면서도 스스로 파고들어서 생각하는 습관을 몸에 익혔으면 좋겠다. 그런 좋은 습관을 몸에 익히기 위해서는, "왜?"라는 질문이 효과적이다.

물론 타인과의 대화에서만이 아니라 자신에 대해서도 그렇다.

여러 상황에서 '자신은 어떻게 생각하는가?' '왜 그렇게 생각하는가?' '왜 자신은 A가 아니라, B이어야 한다고 생각하는가?' 하고 자문자답해보는 것도 좋다. 자신을 크게 키우는 동시에 좋은 습관이 된다.

11. 마음을 움직이게 하는 질문

■■ 질문의 방식에 따라 상대는 반응한다

자신의 의사와 상관없이 일방적으로 사항이 결정되면 누구라도 반발한다. 그 정도는 알고 있는데도 뻔한 질문을 무심코 해버리는 일이 있다.

야마구치는 집에 있을 때 안경이 눈에 띄지 않으면, 그때마다 아내에게 "내 안경 어디에 치웠어!" 하는 질문을 쏟아 부었다. 이것은 질문이라기보다 "당신이 내 안경을 멋대로 치웠군." 하고 힐문하고 있는 것이다.

이러면 아내 역시 기분이 나빠지기 때문에, "몰라요. 난 당신의 안경이나 지키는 사람이 아니에요." 하고 말을 되받아치게 된다. 야마구치는 생각한 끝에 질문의 방법을 바꾸었다.

"내 안경 어디 있는지 몰라?"

이렇게 하면 반발심이나 저항심은 생기지 않는다. 아내는 "글 쎄, 어디에 갔을까요?" 하고 고개를 갸웃하면서도 안경을 찾기 시 작한다. 즉, "당신, 어떻게 생각해?" 하고 의견을 묻는 것이다. 상 대의 의견이 이쪽의 의향에 따르는 것이라면, "그럼, 그 선에서 협 조해주지 않겠나?" 하고 말을 건다.

상담을 받고 의견을 들으면 상대방은 기분이 나쁘지 않다. 질 문의 방법이 협력을 부르는 것이다.

■■ 상대의 결심을 도와주는 질문

오사카의 츠텐가쿠 전망대에 있는 작은 선물가게에서 일하는 80세 의 할머니가, NHK의 퀴즈 프로그램에 출제자로 등장한 적이 있 다. 고객이 그녀의 가게 앞에서 살까 말까 망설이고 있을 때 다음 네 가지 중, 어떻게 하면 살 마음이 생길까 하는 퀴즈 문제였다.

① 그만 두시겠습니까
② 집에 가져가세요
③ 여기서밖에 팔지 않습니다
④ 어떻게 하시겠습니까

정답은 ④. 망설이고 있는 손님 편에 서서, 망설임도 한계에 오고 손님이 가게를 떠나려고 하는 직전을 가늠해서, 작은 목소리로 "어떻게 하시겠습니까?" 하는 것이다. 손님은 자신의 속마음을 들킨 것 같은 기분이 들어서 무심결에 사버리고 만다고 할머니는 말한다.

사람은 강요는 싫어하지만, 타이밍 좋은 질문에 의해서 마음이 움직이는 법이다.

12. 자신의 의견을 제시하는 질문

■■ 의견을 잘 전달하기 위해서는 우선 듣는다

지금처럼 경쟁이 심한 사회에서는 자신만의 생각을 갖고, 그것을 당당하게 주장할 수 있는 능력이 요구되고 있다.

한데 그 한편에서 아직도 직접적인 주장이나 반대의견을 말하는 일에 불편함을 느끼는 사람이 많고, 정당한 의견을 말해도 오히려 비난을 얻는 경우가 적지 않다.

따라서 꿈과 열정을 갖고 회사에 들어온 신참들이 갈수록 건설적인 의견을 말하지 않게 되는 것이다. 더욱이 선배, 상사에게 미움을 받고 패기를 잃고 별종처럼 되어버리는 예도 있다고 한다.

의견을 말하는 것이 안 되는 것이 아니다. 말하는 방법을 연구해서 짜내야 하는 것이다.

실제로 베테랑 사원이나 상사들로부터 젊은 사람들이 좋은 의견을 갖고 있으면서, 말하는 것에만 신경을 써서 듣는 여유가 없고 듣는 방법이 서툴다는 불만을 자주 듣는다.

"고정관념이 강해서 백지의 상태에서 좀처럼 솔직하게 들으려고 하지 않는다."

"말은 능숙하지만 듣는 역할을 할 때 이쪽의 눈도 보지 않고, 반응도 하지 않는다. 경험이 얕기 때문에 우선, 제대로 듣는 일부터 시작해도 늦지 않는데……."

주장하는 형태의 커뮤니케이션이 널리 퍼져 있는 미국에서도 "자신의 의견을 들어주길 원하면 우선 상대의 의견을 듣는다." 하고 말하는 사람들도 적지 않다.

상대가 듣지 않으려고 하는 것은, 자신이 말하는 것을 들어주지 않는다고 느끼기 때문이다. 자신의 말을 들어주고, 이해해주지 않기 때문에 완고해진 것에 지나지 않는다.

의견을 근사하게 전하는 방법의 기본은, 우선 상대의 의견을 '들어주는 것' 이다.

■■ 상대의 저항을 부드럽게 하는 방법

일본에서는 주장하는 형태의 커뮤니케이션에 익숙한 사람이 적다. 상대가 강하게 주장을 하거나 반대 의견을 보이면, 그만큼 방어태세를 갖추고 저항을 느끼게 된다.

"반대 의견은 소중하지만, 너무 정직하게 말하면 재미없다."는 말은 사람들의 본심일지도 모른다. 특히 젊은 부하에게서 자신과 다른 주장 등에 저항을 느낄 것이다.

하지만 의견을 말하는 것을 포기할 필요는 없다.

"과장님, 판매촉진책 말인데요, 저는 거래처와 함께 ○○캠페인을 벌이면 어떨까 하고 생각하는데, 과장님 의견은 어떠십니까?"

자신의 의견을 '질문'이라는 형태로 현명하게 제시해보는 방법이 있기 때문이다.

13. 상대의 이야기에 의견이 스며들도록 한다

■■ **상대의 반대의견에 바로 반응하지 않는다**

새로 개발한 서비스 시스템을 실시할 때, 고객으로부터 서비스 요금을 받을지 말지로 부서 내의 의견이 크게 나뉘었다. 입사 3년차인 영업맨 시부이는, 무료로 실시해야지 고객들에게 서비스를 하는 의미가 있다고 생각했다.

　이 의견을 상사에게 말했을 때 시부이는 "새로운 서비스 시스템을 실시할 때 요금은 받지 않는다는 생각에 대해서, 과장님은 어떻게 생각하십니까?" 하고 질문해보았다.

　그러자 야마자키 과장은 즉석에서 대답했다.

　"나는 요금을 받는 쪽이 좋다고 생각하네."

이렇게 상사가 반대를 한다고 해서, 만약 시부이가 감정적으로 "왜요? 그 생각은 틀리다고 생각합니다." 하고 대응한다면, 모처럼 질문으로부터 들어간 의미가 없어진다. 저항을 부드럽게 하려고 했는데 강한 저항을 해버린 꼴이 되기 때문이다.

현명한 시부이는 반대 의견을 표명하지 않고 질문을 거듭했다.

"왜 그러신 거죠?"

"첫째로 새로운 시스템은 요금을 받는 것만으로 가치가 있다는 것이고 두 번째로, 서비스에 요금을 받는 것은 다른 나라는 물론 우리나라에서도 일반적으로 되어가고 있기 때문이지."

■■ 질문에 자신의 의견을 담는다

야마자키 과장의 대답은 나름대로 이치에 맞았다. 그래서 시부이는 각도를 바꿔서 질문했다.

"저도 지적한 점은 말 그대로라고 생각합니다만, 현장 사람들로부터는 가치가 있는 것이기에 오히려 무료로 하는 쪽이 고객에게 환영받는다는 소리를 들었습니다. 또한 무료로 했을 경우의 매상 증가에 대해서는 어떻게 생각시는지요?"

"자네는 무료로 해야 한다는 의견이군. 알아들었네. 뭐 어쨌든 좋아. 분명히 시장조사에 의하면, 20퍼센트의 매상 증가가 예상된다는 것이니까. 이 숫자는 무시할 수 없는 거지."

여기까지 오면, 상사도 시부이의 의견을 이해하고 의견에도 제대로 귀를 기울일 것이다.

　일에서 최종결정은 상사가 하는 것이기 때문에 그것에 따르는 수밖에 없지만, 의견까지 규제해서는 안 된다. 질문에 의해서 쌍방향의 커뮤니케이션을 할 수 있다는 사실을 안 뒤에 상사에게 질문해가면 된다. 여기서는 의견을 말해도 귀찮아하거나 싫어하는 일은 없을 것이다.

14. 이런 질문은 싫어한다 ①

-자기중심의 화제

■■ 자신이 듣고 싶은 것만 질문하지 않는다

사람은 듣기보다 이야기하고 싶어 하는 법이다. 그래서 이러쿵저러쿵 자기 쪽으로 이야기를 끌어당기게 된다.

"예보가 빗나가고 날씨가 좋아졌네."

"그렇네요."

하고 받아들인 청자는, 다음에 이야기를 어떻게 돌릴까.

"나는 돌아다니 게 일이기 때문에, 날씨가 좋은 것이 도움이 돼요." 하고 자기 쪽으로 가지고 가는 사람이 있는가 하면, "야마모토 씨는 배달 도시락집이니까, 날씨가 많이 신경이 쓰이시겠네요?" 하고, 상대 쪽으로 돌리는 사람이 있다.

전자는 자신이 말하고 싶은 것을 입에 담고, 후자는 상대에게 주도권을 넘기고 있다. 이쪽에서 말하고 싶은 것이 곧 상대가 말하고 싶어 하는 것은 아니다.

취재를 하러 간 기자 가운데는, 준비된 질문을 차례차례 말하고 이쪽이 다른 이야기를 꺼내면 "질문에 대답해주셨으면 좋겠습니다만." 하고, 원점으로 이야기를 되돌리는 사람이 있다. 준비된 질문에 대답이 끝나면 "그렇다는 말씀은, 즉 이러이러한 것이지요?" 하고 유도하는 사람이 있다.

"그렇다고는 단정할 수 없다."고 말해도 "그래도, 결국은 똑같은 말입니다." 하고 단정 짓는다.

사내에서도 자신이 듣고 싶은 말만 질문하고, 제멋대로 결론을 만들어내 말을 퍼뜨리며 돌아다니는 사람이 있다. 이는 쓸모없는 오해와 혼란을 부를 뿐 피해야 할 질문 방법이다.

■ ■ **'질문'이라고 말하면서 의견을 말한다**

연수기간 마지막에 질의응답 시간을 마련하는데, 활발한 의견교환이 되지 않는 경우도 있다. 그 원인으로는 다음과 같은 이유를 들 수 있다.

①질문 그 자체가 나오지 않는다
②질문자의 이야기가 호응을 얻지 못한다

③질문이 아니라, 자신의 의견을 말한다

특히 연수에 대한 감상이나 의견을 장황하게 늘어놓는 ③의 경우는, 이야기가 고조되기는커녕 분위기를 깨버리고 만다. 꼭 말하고 싶은 것이 있다면, "질문은 아니지만, 그냥 말해도 좋습니까?" 하고 해야 할 것이다.

"당신에게 조금 물어보고 싶은 것이 있어요."

이렇게 하는 아내의 질문 역시, 말하고 싶은 것이 있다고 바꿔야 하지 않을까.

15. 이런 질문은 싫어한다 ②

─상대의 내면으로 들어간다

■■ 말하는 사람에게 부담을 주지 않는다

국회의원이 날카로운 질문으로 상대를 몰아치는 것은 괜찮지만, 우리들의 일상에서 이런 식으로 한다면 좋은 결과를 얻을 수 없다. 퇴근시간 전철에서 샐러리맨이 이야기하고 있었다.

"요즘 상사와 잘 맞지 않아서 말이지."

"오오, 그것 참 안 됐네."

"내 쪽에서 말을 걸어도 왠지 서먹서먹한 거야."

"으음. 신경이 쓰이겠네. 무슨 일 있었어?"

"짐작은 가지 않지만. 단 한 번⋯⋯."

"한 번 무슨 일이 있었군?"

"아니, 이제 됐어. 대단한 일은 아니야."

"그래도 무슨 일 있었지?"

청자는 친절한 마음에서일지도 모르지만 너무 이야기를 강요하고 있다. 화자의 얼굴에 '좀 봐줘.' 하는 표정이 떠올랐다면, 거기서 이야기를 일단락 지어야 한다.

■■ 끼어든 질문은 경계당한다

아무리 친절함에서라도, 말하기 싫어하는 사람을 상대로 캐어물어 듣고자 하면, "그걸 들어서 어쩔 셈이지?" 하고 경계당한다.

"흔히 있는 일이야."

"그런가?"

"그래. 이상적인 상사란 어디에도 없어."

"니네 회사는 어떠니?"

"지독하지. 이쪽이 부탁한 일은 전혀 하지 않는 주제에 자신이 부탁한 일은 불같이 해내라고 난리니까."

"그것 참 난처하지."

"어때, 다음 역에서 가볍게 한잔하지 않을래?"

이렇게 심각해질 것 같은 이야기를 가볍게 나누고, 술을 마시자고 제안한다. 일상대화에서는 이 정도의 교환이 바람직하다. 물론 부하가 상담에 응해줬으면 하고 말을 걸어오는 경우는 별도다.

16. 이런 질문은 싫어한다 ③
—상대를 추궁한다

■ ■ **'어째서'라는 질문은 대답하기 어렵다**

화자에게 "왜?" "어째서?" 하고 질문하는 일은, 이유를 묻고 있는 것이기 때문에 특별히 터브시할 필요는 없지 않을까 하고 생각할지도 모른다.

하지만 이 질문은 자칫하면 상대를 비판하는 상황이 되기 쉽다.

"거래 문의가 있었던 B말인데, 그건 어떻게 되었지?"

"거절당했습니다."

"거절당했다고? 어째서?"

"모릅니다. 저쪽에서 거절하는 전화가 오고, 그것으로 끝입니다."

"모처럼 거래 문의가 있었던 회사를 내 것으로 하지 못하다니 곤란하군. 게다가, 어째서인지도 모르다니 이것 참."

상사의 '어째서'는, 처음부터 '그래서야 되겠나?' 하는 울림이 느껴지고, 상대를 방어 태세로 만든다. 게다가 사람은 '왜' '어째서'라는 질문을 받으면, 곧바로 대답할 수 없는 경우가 많다.

질문하는 자는 성급해서는 안 된다.

다음에 말하는 질문도 포함해서, 이러한 종류의 질문은 스스로 화자와의 교류를 막아버리는 꼴이 되기 때문에 주의가 필요하다.

■■ 질문의 형태를 취하는 힐문

질문이라고 말하면서 상대를 몰아세우는 듯한 듣는 방법을 취하는 사람이 있다. 이것은 '힐문'이라고 말하고, 질문과는 전혀 다르다.

"자네에게 질문하고 싶은 것이 있는데."

이런 말을 듣는 부하가 무엇일까 하고 생각하고 있자, 상사는 불평을 말하기 시작했다.

"요전의 A사의 건, 왜 빨리 확인해두지 않았지? 직전이 되어서 확인하면 선수를 빼앗긴다는 정도는 알고 있지 않았나?"

말하고 싶은 것이 있다면, 먼저 확실하게 말하는 편이 상대도 쓸데없는 걱정을 하지 않아도 된다.

아내가 남편에게 말한다.

"당신, 냉장고 문은 열어 놓은 채 있을 거예요?"

이것도 질문이 아니라 힐문이다. 부하나 손아랫사람에 대해서 이와 똑같은 일을 하고 있지는 않는지 되돌아보자.

이야기를 이끌어내는 질문의 기술

■인사는 대화의 윤활유

■훌륭한 질문은 이야기를 고조시킨다

■관심이 없으면 이야기를 이끌어낼 수 없다

제6장 상황별 듣는 방법의 하이 테크닉

어느 직장이나 얘기하는 것을 좋아해서 당최 놓아주지 않거나, 남의 소문이나 험담을 아주 좋아하는 사람이 있다. 그런가 하면 갑자기 거래처나 주변 사람으로부터 불평을 듣는 일도 있다. 이렇게 난처한 이야기는 어떻게 들을까ㅡ.

1. 상담요청을 받았는데,
   외출하기 직전이라 시간이 없다

거래처와 협상을 하러 외출해야 한다. 마침 그때, 타 부서의 동료가 와서, 심각한 표정으로 이야기를 걸었다.

"상담을 좀 해주었으면 좋겠어."

일의 특성상 협력하는 일이 많은 상대이기 때문에 거침없이 거절할 수 없지만, 선약에 늦을 수도 없는 노릇이다. 이럴 때 말을 잘 듣는 사람이라면 어떻게 처리할까.

우선, 상대가 다음 말을 하기 전에 "미안한데" 하고 확실하게 사과한 뒤에 제안해본다.

"사실은 지금 일 때문에 외출해야 하는데. 저쪽에 전화를 걸어서 약간 늦는 정도는 부탁할 수 있네. 잠깐이라면 시간을 낼 수 있

지만 나로서도 천천히 침착하게 이야기를 듣고 싶은데, 오늘 밤이
나 내일 점심시간이라면 어떨까?"

지금 바로 의견이라도 듣고 싶다고 상대가 말하면 다음과 같이
시간을 구분한다.

"그럼, 미안하지만 5분 정도."

상담이라고 해도, '예스'나 '노'의 대답 정도를 원해서 시간이
걸리지 않는 것도 있고 진지하게 들어봐야 하는 것도 있다. 개인적
인 일이라면, 따로 만나서 이야기를 듣는 것이 바람직한 경우도 있
다. 일단 상대에게 확인하는 쪽이 좋다.

■■ 상담하는 쪽의 심리

상담을 의뢰하는 쪽의 심리는,

- '이 사람'이라고 기대하고 상담을 해온다. 당연히 좋은 대답을
  기대하고 있다
- 한편으로 부담을 끼치는 상대에 대해서 미안하다는 마음을 품
  고 있다

상담을 원하는 사람은 이러한 마음 상태인데 "지금, 그럴 처지
가 아니다." 하는 쌀쌀맞은 태도를 취하면, 마음을 상하게 된다.

따라서 외출하기 바로 직전이라도 상대에게 똑바로 마주 향하

고 사정을 설명하는 일이 중요하다. 그런 다음에 "바쁘면 지금, 딱 3분만." "나중에라도 괜찮으면 천천히 시간을 내겠는데." 하고 선택지를 보이는 것이 현명하리라.

2. 보고를 받았는데, 외출하기 직전이라서 시간이 없다

■■ **중요한 사항을 빠뜨리고 들을 위험**

제조부의 야마모토 부장은, 신칸센을 타고 오사카로 출장을 갈 예정이었다. 출발시간 30분 전에 회사를 나오지 않으면 전철 시간에 늦을 것 같았다. 그때 부하인 사나다가 찾아왔다.

"보고할 일이 있습니다."

"지금 나갈 참이었네. 간략하게 부탁하네."

"네. 신제품 S에 관한 건인데, 영업에 문제가 생겨서요."

"알았네. 영업에서 말이지."

야마모토 부장은 속으로 생각했다.

'영업하는 사람들은, 사소한 일을 과장되게 이야기하기 때문

에 문제라고 해도 그렇게 긴급한 일은 아닐 거야. 그보다 빨리 나가지 않으면 열차를 놓치고 말 거야.'

"알았네. 그럼, 다녀오겠네."

야마모토 부장의 마음은 이미 도쿄 역으로 향하고 있었다. 하지만 부하가 말한 신제품에 관한 영업부로부터의 문제점은, 고객에게서 지적당한 신제품의 결함이고 빨리 해결해야 할 중요한 사항이었다.

■■ 반드시 나중에 다시 보고하도록 지시해둔다

부하가 올린 중요한 보고는 이처럼 자칫하면 외출을 해야 하거나 바쁠 때, 아니면 자신에게 문제가 있을 때 주로 올라온다. 아이러니하게 일도 일단락 짓고, 시간이 팡팡 있을 때에는 문제가 생기지 않는 법이다.

따라서 외출하려는데 부하가 보고하러 왔을 때는 급한 사항이라고 생각해두는 편이 좋다. 부하도 상사가 출장 가는 것을 알면서도 보고하러 왔기 때문이다.

시간이 없다고 해서 "알았네, 알았어." 하고 대충 들어서는 안 된다.

지금 예로 생각해보자.

"10시 5분에 차를 타니까, 한 번 더 휴대전화를 걸어서 이야기를 해주게. 부탁하네." 하고, 한마디 다짐을 해두는 것은 어떨까.

혹은 "외출하니까 가네다 과장에게 보고해서 결정을 받도록 하게. 그리고 과장에게는 나중에 연락을 주도록 전해주고."라고 부탁해 두는 것도 좋을 것이다.

아무리 외출이 우선이라도 보고를 소홀히 듣거나 지시를 생략해서는 안 된다.

3. 피곤해서 귀가했더니,
   아내가 할 말이 있다고 한다

■■■ 듣고 있는 척을 하거나 일시적으로 속이는 일은 좋지 않다

그렇지 않아도 피곤한데, 이야기를 제대로 듣는 일은 부담이 따르는 것이다. 하물며 녹초가 돼서 귀가한 상태에서는 고통스럽다. 그런데 때로는 아내가 기다렸다는 듯이 말하기 시작한다.

"왔어요? 있죠. 내 얘기 좀 들어볼래요?"

어떤 용건인지 모르지만 진절머리가 날 지경이다.

"피곤해, 내일 이야기 하자고."

하고 도망치고 싶지만, 그다지 강하게 나갈 수는 없다. 그래서 "응, 응." "그래서." 하고 맞장구를 치면서 듣는 척을 한다. 하지만 이것으로는 "그래서 말인데요, 자긴, 어떻게 생각해?" 하고 아내가 의견을 구했을 경우에는 "응? 뭐가?" 하고 김빠진 대답을 하게 되고, 제대로 듣고 있지 않았던 것이 들통 나버린다.

정직하게 이렇게 말하는 것이 최고다.

"미안한데, 오늘은 일 때문에 하루 종일 뛰어 다녀서 다리가 너무 아파. 우선 푹 담그고 나서 들을게."

금방이라도 말하고 싶어 입이 근질대던 아내도, "알았어요, 나중에 제대로 들어줘요." 하고 알아들을 것이다. 문제는 나중에 '제대로 들을' 것인가 아닌가다.

■■■ 평소에 쌓인 게 한꺼번에 터진다

씻고 나온 남편은 신문을 펼치고 텔레비전을 본다. 그곳으로 즉시 아내가 와서 조금 전의 이야기를 계속하기 시작한다. 여기서부터 평소의 행동과 다를 게 없다면 아내의 히스테릭한 목소리를 듣게 되리라.

"피곤하니까, 나중에 듣자."

"또 도망쳐요. 그렇게는 못해요. 지금 들어줘요."

"피곤하다고 말했잖아."

"중요한 얘기에요. 나중에 듣자고 하고 당신 나중에 한 번이라도 들어준 적이 있나요?"

아내에게만 해당되지 않는다. 직장에서도 똑같은 일이 생긴다. 단지 직장에서는 "지금, 들어줘." 하고 강하게 우기는 대신에, 부하나 동료는 멀어져만 갈 테지만……

4. 상대가 길게 자기 이야기만 한다

■■ 두 가지 타입을 구별하는 일

수다를 떠는 사람은 어디에나 있지만, 말 잘하는 타입에는 두 가지 유형이 있다.

첫째는 자기도 이야기하는 대신에 상대의 반응에도 민감하고, 상대가 지루하게 보이는 순간 듣는 역할을 맡는 사람이다. 두 번째 타입은 이야기하기 시작하면 자신에 대해서 차례차례 꺼내며, 상대에게 신경 쓰지 않고 길게 말하는 사람이다.

어느 타입인지 구별하기 위해서는, '지루하다.' '이쪽에도 말할 기회를 줘.' 하고 몸이나 얼굴의 표정으로 사인을 보내면 좋다.

첫 번째 타입이라면, 기분 좋게 교대해 줄 것이고 그만큼 기회를 봐서 금방 또 화자의 입장에 선다. 호흡이 잘 맞으면 서로 듣고 이야기하는 기분 좋은 캐치볼을 할 수 있다.

두 번째 타입이라면 다음의 방법을 이용해야 한다.

■■ 거절을 하고 일어선다

재미있는 이야기를 잘하는 사람에게는, 금방 끌린다. 화자 자신도 좋은 기분으로 계속 이야기한다. 한데 아무리 재미있게 말해도 길게 듣고 있으면 싫증이 난다. 난처한 일이지만, 이야기를 잘 하고 이야기하기를 좋아하는 사람은 청자가 싫증났는데도 알아차리지 못한다.

그럼, 어떻게 할 것인가.

길게 이야기가 계속될 것 같으면, "재밌는 이야기 고마워. 볼일이 있어서 그만." 하고 일어선다. 단, 이야기를 끊기 좋은 곳에서 지체 없이 일어난다.

이러한 사람은 어디서나 볼 수 있는데 고객 중에서 이런 타입을 만났을 경우는, "다른 곳에 또 약속이 있어서 그만……." 하고 거절을 하고 일어나는 것이 좋다.

난처한 일은, 거래처의 높은 분이 자신에 대한 이야기를 길게 늘어놓고 해방시켜주지 않을 때다. 이런 경우는 멋대로 빠질 수 없다.

하지만 상대의 나쁜 버릇은 미리 알고 있기 때문에, 동료에게라도 부탁해서 휴대전화를 해달라고 부탁해도 좋다. 화자의 자기 만족에 어쩔 수 없이 응대해주는 것은 결코 말을 잘 듣는 일이 아니다. 타이밍 좋게 느낌 좋게, 단, 확실하게 거절을 하자.

5. 똑같은 이야기를 몇 번이나 듣는다

■■ 똑같은 이야기를 몇 번이나 반복하는 이유

'나이 든 사람은 했던 말을 또 하고 또 하고······.' 라는 말을 해본 적이 있을 것이다. 이는 꼭 나이 든 사람에게만 해당하는 것은 아니다. 노인도 아닌데 똑같은 말을 반복하는 사람은 적지 않다.

이렇게 몇 번이나 반복되는 이야기는 '자랑'이거나 '불평' 두 가지다. 자랑이든 불평이든, 정도의 차이는 있지만 누구나 입으로 하는 말이다. 단 하나의 자랑거리도 늘어놓지 않는 것은 자신이 없는 사람이 겸허함을 가장하는 것이 틀림없다. '겸손은 최대의 자만'이라고 하는데, 너무 겸손한 사람보다는 자랑거리를 어느 정도 이야기하는 사람이 좀 더 인간적이지 않을까.

■■ 똑같은 이야기로 진절머리가 나게 하는 사람

똑같은 이야기를 몇 번이나 하는 사람 가운데에는 정중하게 "이 이
야기, 전에 했었나?" 하고 물어보는 사람도 있다.

이런 사람들은 들었다고 얘기해도 "그럼, 한 번 더 이야기하
지." 하고 태연스럽게 말하기 때문에 그야말로 처치 곤란이다.

그 이야기는 대개 자랑 이야기다. 몇 번이나 이야기하기 때문
에, 스토리가 짜여져 있고 나오는 대사도 뻔하다.

이런 경우에는 상대가 한 템포 쉰 곳에서 활기차게 "그렇습니
다. 그 말을 듣고 생각났는데……." 하고 껴 들어가서, "실은 나도"
하고 자신의 이야기를 꺼낸다.

상대는 기선을 제압당하고 하는 수 없이 이쪽의 이야기를 듣게
된다. 물론 이쪽은 이야기를 듣게 하는 일이 목적은 아니기 때문에
순식간에 일단락 짓고 퇴장하면 좋다.

■■ 연장자의 이야기에 대처하는 법

시간이 있으면 연장자의 불평을 듣는 도량을 가졌으면 한다. 단 일
이 많은데 무리해서 들을 필요는 없다.

"미안합니다. 조금 더 이야기를 듣고 싶은데 서류가 쌓여 있어
서요. 또 다음 기회에 들려주세요."

확실하게, 또한 방긋 이렇게 말하자.

6. 입이 무거운 사람으로부터 이야기를 캐묻고 싶다

■■ 상대를 입이 무거운 사람이라고 결정짓고 있지 않은가

입이 무거운 사람도 여러 가지 종류가 있다.

- 원래 말수가 적은 사람
- 좀처럼 스스로 입을 열지 않는 사람
- 무슨 일이 있으면 외고집일 정도로 과묵해지는 사람

청자로서는 일방적으로 떠들어대는 상대에게도·애먹지만, 입을 꾹 다물고만 있는 상대에게도 난처해진다. 듣는 역할이라고 해서 이쪽도 입 다물고 있으면 침묵의 시간이 아주 무겁게 덮친다.

부부의 경우 아내가 잘 떠들면 대개 남편은 말수가 적다. 아마 아내가 수다스럽기 때문에 말하는 것은 아내에게 맡기고 있는 것이지 남편이 원래 말 수가 적다고 정해진 것은 아니다.

이것은 직장에서도 마찬가지라고 할 수 있으며, 상사가 말이 많은 사람이라면 부하는 그다지 말하지 않는 것과 같다.

■■ 화제를 돌려서 발언을 촉진시킨다

그럼, 말수가 적은 사람, 자신의 의견을 적극적으로 말하지 않는 사람에게 어떻게 입을 열게 만들까?

첫 번째로는 기회가 있을 때마다 또 기회를 엿보고 당사자에게 발언할 기회를 주는 일이다. 흔히 말하는 '화제를 돌리는 일' 로, 발언을 촉진시키는 것이다.

두 번째로 상대가 말하고 싶어 하는 화제(잡담)로부터 들어가는 것이다. 상대가 말하기 시작하면 맞장구를 치고, 입이 풀린 듯한 부분에서 본 화제로 들어가는 것이다.

또 조금 말하고서는 금방 도중에 이야기가 끊어지는 사람도 있다. 이것은 다음에 말해야 할 것을 찾고 있기 때문에, 청자는 여기서 서둘러서는 안 된다. 상냥하게 느긋한 태도로 기다리는 것이다. 이 정도를 할 수 있으면 '듣기의 달인' 에 가깝다.

■■ 침묵하기로 마음먹은 상대

어떤 질문을 받고도, 혹은 어느 화제에 대해서 입을 닫고 있는 경우도 있다. 이러한 경우는, "말을 하지 않는 진짜 이유는 무엇입니까?" 하고 묻는다.

그래도 잠자코 있다면, "누구에게 물어보면 알 수 있습니까?" 하고 파고든다. 본인이 알고 있기 때문에 "어어, 그건." 하고 당황스러워한다. 여기서 태도를 바꿔 자세를 낮추고, "죄송한데, 가르쳐주실 수 있습니까?" 하고 부탁한다. 반응을 보면서 듣는 방법에 변화를 줘서 이야기를 이끌어낸다.

7. 바쁜 상대로부터 단시간에 이야기를 듣는 포인트

■■ **사양하지 않는다**

'듣는 일'에 대해서 재삼 말하는 것은, '적극적인 작용'으로써 파악되는 순간이기 때문이다.

유능한 상사라서 여러 가지를 배우고 싶고 질문도 많이 하고 싶지만 워낙 바쁜 관계로 시답잖은 것을 물으면, "지금 바빠. 그런 일은 스스로 생각해."라고 할까 지레 겁먹기 십상이다.

"곤란한 점이나 듣고 싶은 일이 있으면, 무엇이든 사양하지 말고 물어보게."

늘 부하에게 이렇게 말하고 있는 야마나카 부장이지만, 물으러 오는 부하가 적다고 한탄한다.

상대의 분주함에 압도되지 말 것. 상대는 질문을 기대하고 있을지도 모르는 것이다.

■■■ 30초로 물을 수 있도록 질문을 준비한다

단 요점을 얻지 못하는 질문이나 듣는 방법으로는, 바쁜 사람일수록 성가시다. 질문하고 싶은 것을 30초 이내로 말할 수 있도록 포인트를 좁혀 둔다. 간결하게 한 마디로 말할 수 있으면 나무랄 데 없다.

이렇게 포인트 있는 질문에는 각각 요령이 있다.

첫째로 어느 정도의 시간이 있는지를 먼저 묻는 것이다.

"부장님, 지금 시간 좀 있습니까?"

"시간이 걸리나?"

"어느 정도 내주실 수 있습니까?"

"으음, 1~2분 정도."

"알겠습니다. 그럼, 1분만."

1~2분이라고 들었으면, 1분으로 자청한다. 물론 30초 이내로 자신의 이야기는 끝낸다.

상대도 짧게 이야기할 것이기 때문에 다 듣고 나면 더 묻고 싶어도 "고맙습니다." 하고 끊는다. 약속시간대로 끝내는 것이다. 이것이 두 번째 포인트다. 단 상대가 좀 더 묻고 싶은 사항이 없느냐고 물어준다면, 그때는 사양하지 말고 물어보면 좋다. 여기서 사양은 쓸모없는 짓이 된다.

세 번째로 바쁘다는 말을 들으면, "바쁘신 부장님이기 때문에 여쭤보고 싶습니다." 하고 웃는 얼굴로 상대를 홀리는 말을 사용한다. 이런 말을 듣고 기분 나쁠 사람은 없다. 상대방은 입을 열어준다.

이 세 번째의 포인트를 밀어붙이면 당신은 한층 말을 잘 듣는 사람이 될 수 있다.

8. 싫은 소리를 하는 상대를 대하는 방법

■■ 싫은 소리를 하는 사람의 두 가지 타입

싫은 소리를 하는 사람은 크게 두 가지 타입으로 나뉜다.

① 결과적으로 싫은 소리가 되는 말을 하는 사람
② 고의로 상대가 싫어하는 말을 하는 사람

①의 경우, 화자의 표현력이 서툴러서 싫은 소리라고 받아들여지는 경우이다.

상대에게 싫은 소리를 할 작정은 없는데 그런 만큼 오히려 결과가 나빠지는 것이다.

이런 사람의 말에 대해서는, '마음은 좋은 사람인데 유감이다. 조금 더 생각하고 이렇게 말해주면 주변 사람도 기뻐할 텐데.' 하는 듯이 해석하는 것이다. 부족한 부분을 보충해서 듣는 일도 필요하다.

3년 동안 지점에서 실적을 평가받고, 요시다는 본사 영업부에 주임으로 돌아왔다. 그 첫날, 예전의 여자 동료인 요코야마의 얼굴을 발견한 요시다는 무심코 말해버렸다.

"뭐야 요코야마 씨, 아직 있었어?"

요코야마의 입장에서는 이보다 더 싫은 소리는 없었다.

"아직 있어서 안 됐네." 하고, 복수의 말을 날리려는 순간, 나카다 부장이 도움을 주었다.

"요시다 씨, 그럴 땐 '요코야마 오랜만이야. 자기가 있어서 기뻐'라고 해야죠."

주위에서 웃음소리가 들리고, 요코야마도 "요시다 씨도 변하지 않았네." 하고 웃으면서 말을 받았다.

말을 잘 듣는 상사가, 부하의 발언을 보충해서 되던진 근사한 한 마디였다.

■ ■ 고의로 싫은 소리를 하는 사람을 대하는 방법

②의 타입에게 싫은 소리를 들었을 경우는, 제대로 상대해주지 않는 것이 상책이다. 화자는 싫은 소리를 하고 청자를 화내게 만드는

것을 목적으로 한다. 가령 젊은 상사에게 "난 자네와 달리 머리가 나빠서."라면 빈정거리는 말을 하는 나이 많은 부하가 있다.

이런 사람에게는 싱글싱글 웃으며, "무슨 농담을 그렇게 심하게."라고 말하거나 그냥 상대하지 않으면 그만이다.

지각한 부하가, "죄송합니다. 늦잠을 잤습니다." 하고 정직하게 사과하자, 상사는 "뭐야, 자넨 집에서도 졸고 있는가?" 하고 따끔하게 혼낸다. 회사에서 이따금 낮잠을 자는 그를 빈정거린 싫은 소리다.

부하는 싱글싱글 웃으며 되받아쳤다.

"회사에서 열심히 일하기 때문에 집에서는 충분히 잠자도록 하고 있습니다."

9. 비밀을 들을 때의 주의점

■■ 나쁜 소문을 퍼뜨리는 사람

정도의 차이는 있지만 사람은 누구나 소문을 좋아한다.

"야마무라 과장은 요즘 퇴근시간이 빠른 것 같네?"

"부인이 아프다는 얘기가 있어."

"소문에 의하면, 사귀고 있는 여성이 있다든대?"

"헤에, 그렇게 성실한 사람이 말이야?"

타인의 소문은 대화를 고조시키는 역할도 있다. 그리고 어느 직장에서도 반드시 한 사람 정도는 있는데, 이들은 소문을 퍼뜨리는 주인공이다. 이러한 타입의 사람은 아주 가까이 다가와서 마치 귓가에서 속삭이는 듯한 작은 목소리로 말한다.

"들었어? 요즘, 다나카 부장, 완전히 기분 안 좋은 거 아냐?"

"헤. 그게 또 뭐, 어째서?"

"지난주 판매회의에서, 마츠모토 과장이, '이 대로는 경쟁사에게 추월당하는 것이 눈에 빤히 보인다. 우리 회사의 낡은 체질에 조치를 취하지 않으면, 앞날이 어둡다' 하고, 다나카 부장에게 씹혔나봐. 어쩌면, 마츠모토 과장, 잘릴지도 몰라."

이런 종류의 이야기는, 소문에 지나지 않는다고 알고 있어도 결국 사람들에게 전달되고 만다. 이것이야말로 소문을 퍼뜨리는 사람이 생각하는 바이고, 이야기가 퍼져나가는 것을 기다리고 있는 것이다. 이럴 때는 긍정도 부정도 하지 말고, "헤에" "그런가?" 하고 듣는 척하고 흘깃 흘려버리는 것이 상책이다.

■■■ "여기서만 하는 이야기인데."

'여기서만 하는 이야기'로 시작하는 이야기에는, 믿을 수 없는 이야기가 많다. 물론 청자의 입을 통해 다른 사람에게 전달하는 것을 노리는 경우가 많다. 누구나 "비밀 지켜야 해." 라는 말을 들으면 말하고 싶은 유혹에 휩싸이게 마련이기 때문이다.

이러한 수법에 놀아나지 말아야 한다. 말을 잘 듣는 사람이라고 불리는 사람은, 그러한 사실을 알고 있기 때문에 화자의 기대를 '배신' 하고 가볍게 입 밖으로 말하지 않는다. 이러한 신뢰를 쌓는 것이야말로 진정으로 비밀 이야기를 얻어내는 청자가 되는 비결인 것이다.

10. 대하기 힘든 사람의 이야기를 들을 때의 주의점

■■ **누구에게나 대하기 힘든 사람이 있다**

누구에게나 까다롭거나 마음이 잘 맞지 않고, 이야기가 잘 통하지 않는 사람이 있다. 분명한 이유가 있는 것이 아니라, 결국 궁합이 나쁘다고밖에 말할 수 없다. 이것이 심각해지면 그 사람의 얼굴을 보는 것도 싫고 목소리를 듣는 것도 꺼려진다.

여기까지 가지 않더라도 가능한 다가가지 않고, 피하고 싶다는 심리가 작용하는 상대이기 때문에 이야기를 들을 때도 결국 움츠려든다. 결과적으로 이야기를 솔직하게 듣지 않게 된다. 물론 아이가 아니기 때문에 노골적으로 외면하거나 경멸하듯이 웃으며 듣지는 않는다.

표면상은 수긍하거나 맞장구를 치며 듣고 있지만 내심으로는 부정하고 있는 것이다.

'그런 일이 있을 리가 없잖은가.'

'또 자신의 형편에 좋은 이야기를 하시는구만.'

백지 상태로 듣지 않으면 좋지 않다고 스스로 경계하면서도 좀처럼 솔직하게 귀에 들어오지 않는 것이다.

■■ 밸런스 시트를 만들어본다

만약 부하를 둔 상사가 이러한 태도로 부하에게 접근했다면 어떨까. 상사라고 해도 인간이기 때문에, 부하에 대해서 궁합의 좋고 나쁨은 있으리라. 특히 자신의 의견에 반대하고, 협력하기를 거부하는 부하는 대하기 어렵고 싫은 녀석이라고 딱지를 붙이고 싶어진다.

하지만 그렇게 해서는 부하의 이야기를 공평하고 객관적으로 들을 수 없게 된다. 옛날에 나는 '싫은 부하부터 먼저 악수하라.' 라고 배운 적이 있는데, 싫다고 믿으면 그 사람의 나쁜 면밖에 보이지 않게 된다. 신중한 부하의 성격도 행동이 굼뜨게 비추고 마는 것이다.

자신의 제안에 대해서 "그 건은, 조금 더 시간을 들여서 검토해보는 쪽이 좋다고 생각합니다." 하는 부하의 의견이 어쩐지 거드름피우는 듯이 들리는 것이다. 이와 반대로 곧바로 행동을 개시하는 부하가 귀여워서 어쩔 수 없게 된다.

　하지만 신중한 사람에게는 확실하다고 하는 장점이 있다. 날렵한 자는, 경솔할 수 있다는 결점을 가진다. 궁합이 나쁜 상대의 이야기를 들을 때는, 이왕이면 좋은 점을 의식하면서 귀를 기울였으면 좋겠다. 그렇지 않으면 사람에 따라서 듣는 태도를 바꾸는 상사라는 불만을 사게 된다.

11. 불평을 가지고 왔을 때의 듣는 방법

■■ 불평의 씨앗은 으레 따르는 법

인간이 하는 일에 완벽은 있을 수 없기 때문에, 어떤 일에도 불평은 따라붙는다. 사람도 또한 결점이 없는 자는 없다. 프랑스의 도덕주의자 라 브리에르는 이렇게 말했다.

"사람에게 만족하는 일은 얼마나 어려운가."

사람이라면 누구나 늘 얼굴을 맞대는 사람에 대한 불평은 끊이지 않는 것이며, 여기서도 불평을 듣는 자의 역량을 묻게 된다.

■■ 진지하게 끝까지 듣는다

불만, 불복종이 있더라도 대부분의 사람은, 처음에는 참고 말을 꺼내지 않는다. 몇 번이나 참은 뒤, 참고 참았던 불만의 감정을 토해 버리는 것이 불평이다. 그런 만큼 이야기를 하고 있는 사이에 점차 감정이 북받쳐서 강한 어조가 되고, 화난 목소리가 된다.

이에 이끌려 듣는 쪽도 감정을 고양시키고 상대의 이야기를 차단하거나 부정하기도 한다.

"좀 기다려주세요."

"아니, 그것은 당신의 고정관념이에요."

하지만 이것으로는 불에 기름을 부을 뿐이고, 상대의 분노는 점점 격렬해진다.

대기업 여행대리점에서 오랫동안, 고객의 불평에 대응해온 베테랑은 말한다.

"불만이나 분노를 품고 있는 사람은, 진흙을 머금은 잉어와 같습니다. 따라서 불만을 쏟아내는 일로 모두 토해내게 하지 않으면, 상대의 기분은 개운해지지지 않습니다."

불평은, 뭔가 해달라고 하는 상대의 외침이다. 이 외침의 목소리를 듣고 상대의 마음의 고통을 느낄 수 있으면, 불평을 듣는 사람으로서 프로가 될 수 있다.

■ ■ 불평은 귀중한 정보

불평이 곧 상대의 외침이라는 말은 상대가 느끼고 있는 불편, 불합리, 불만이다. 이런 것들은 듣는 사람이 알아차리지 못하는 경우가 많다. 따라서 불평이 그것을 가르쳐주는 귀중한 정보라고 해석할 수 있다면 상대의 불평을 기쁘게 들을 수 있다. 자신이 비난받는다고 받아들이고, 상대를 원망하는 일은 모처럼 들어온 정보도 놓치게 하는 행동이다.

이쪽이 조용히 진지하게 듣고 있으면, 상대의 감정도 누그러진다. 이윽고 냉정한 대화가 되고 그곳에서 불평을 해결하기 위한 힌트조차 얻을 수 있는 관계가 되는 것이다.

12. 욕, 자랑, 푸념을 들을 때의 유의점

■■ 대화에 반드시 따르는 세 가지 화제

'푸념, 자랑, 욕'은 자리를 고조시키는 화제이기도 하다. 특히 술자리나 쑥덕공론에서는 절대 빠지지 않는 거리로 이것에도 듣는 방법이 있다.

① 푸념

푸념이 쌓이면 스트레스가 된다. 동료라면 푸념을 잘 듣는 역할을 떠맡기 쉽다.

"이렇게 바쁘면, 몸이 남아나지 않습니다. 집에 돌아가는 길에 한 잔 할 기분도 안 들고."

당신이 상사로서, 부하의 이런 푸념을 들었다고 치자.

"그만큼 쓸데없는 지출이 줄고, 돈이 쌓이지 않는가?"

이것으로는 부하의 마음은 조금도 진정되지 않는다.

"분명 그렇네. 이참에 일을 하는 방식을 고쳐서, 빨리 집에 돌아할 수 있도록 하지 않겠나?"

푸념을 제안으로 바꾸는 충고를 한다. 부하가 적극적으로 사물을 파악하는 힌트가 될 것이다.

② 자랑

부하가 자랑하고 싶어지는 것은, 상사가 칭찬하지 않는 데에 원인이 있다. 상사는 부하의 성과가 올랐으면 칭찬을 하고 자랑을 할 때는 "대단하군." "잘 해냈군." 하고 칭찬의 맞장구를 친다.

부하 가운데에는 "자랑하는 건 아니지만요." 하고 말하고, 자기자랑을 하는 사람도 있다. 이럴 때는 유쾌하게 들어줘야 하지 않을까. 그 대신에 자신의 자기자랑 거리도 재미있게 이야기해보는 것이다.

③ 욕

취미처럼 타인에 대해서 나쁘게 말하는 사람이 있다. 술자리에서 화제는 상사의 욕이라고 정해질 정도다. 그 자리에 없는 사람에 대해서 운운하는 떳떳하지 못함 때문일까, 처음에는 온화하다. 그

런데 술을 많이 먹을수록 욕이 과격해진다. 이럴 때 말을 잘 듣는 사람은,

- 눈을 돌리고, 입을 꼭 닫는다(듣고 싶지 않다는 무언의 신호다)
- "그건 그렇고." 하고 화제를 바꾼다
- 일어서서 화장실에 간다. 창문을 여는 것도 좋다

욕을 하는 사람은 다른 장소에서 당신의 욕을 할 위험한 인물이다. 과격해지기 시작하면 대수롭지 않게 듣는 일을 그만두는 것이 현명하다.

곤란한 상황을 헤쳐나가는 듣기의 기술

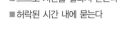

■ 스스로 시간을 잘라서 받는다
■ 허락된 시간 내에 묻는다

■ 서둘러서 좋은 일은 없다

제7장 성공한 사람들의
'현명한 귀'

성공한 사람을 관찰하면 의외의 사실을 깨닫는다. 말을 잘할 것처럼 보이는 탤런트도, 독특한
말투의 평론가, 말이 서투른 프로 야구선수 등도 실은 모두 말을 잘 듣는다는 점이다.

1. 듣는 역할의 절묘한 타이밍

-탤런트, 쿠로야나기 데츠코

■■ **말하기를 좋아할 것이라는 오해**

쿠로야나기 데츠코는 말이 빠르고, 잘 떠들어서 '말하기를 좋아하는 사람'이라는 이미지가 강하다.

그런 그녀를 '말을 잘 듣는 사람'이라고 말하면 "어머 정말?" 하고 고개를 갸웃거리는 사람이 적지 않을 것이다. 사실, 텔레비전에서 보이는 그녀는 잘 말하고, 잘 웃고, 활기차고, 늘 즐거운 듯하다. 나이를 느끼지 못하게 하는 젊음도 있다.

그녀의 젊음의 비밀은 무엇일까.

나는 바로 '호기심'이라고 생각한다.

호기심이 강한 사람은 무엇이든 알고 싶어 하는 사람이다. 알기 위해서라면 어디라도 귀찮아하지 않고 찾아다닌다. 불러주는 데는 가볍게 얼굴을 내밀고, 때론 부르지 않아도 스스로 얼굴을 내민다.

반대로 호기심이 적은 사람은 자신의 틀 안에 틀어박히기 쉽고, 젊음을 잃어간다. 이건 그녀에게만 해당하는 이야기가 아니다. 젊음을 유지하는 대부분의 사람들은 호기심이 강하다. 이런 말이 있다.

"젊음은, 하루에 몇 번 놀랐는가로 측정되는 것이다."

호기심이 강한 사람일수록 놀라는 횟수가 많은 것이다.

쿠로야나기 데츠코 역시 잘 놀란다. 그녀의 대화 속에는 "어머!" "네!" "와!"와 같은 감탄사가 몇 번이나 나온다. 그리고 그 놀람은 이야기를 이끌어내기 위해 유효하게 사용된다.

■■ 적절한 타이밍에 듣는 역할로

대화는 자기 혼자서 말해서는 즐겁지 않다. 대화를 즐기고 호기심을 채우기 위해서는 듣는 역할을 맡고, 상대의 이야기를 잘 들어야 한다.

〈데츠코의 방〉이라는 장수 프로그램이 있다. 그때 그때 활약하고 화제가 되었던 탤런트, 스포츠 선수, 예술가 등을 스튜디오에 초대해서, 쿠로야나기 데츠코가 상대역을 맡고 둘이서 이야기를 즐기는 프로그램이다.

그녀는 스스로도 말을 잘하지만, "그래요 그래, 그는 A씨와 함께였었지요?" 하는 식으로 부드럽게 화제를 상대에게 돌리고, 자신은 듣는 역할을 맡는다.

이렇게 타이밍을 잘 맞추면서 듣는 역할을 하게 되면 호기심은 자연스럽게 생기고 맞장구도 잘 치게 된다.

2. 적으로부터도 이야기를 듣는 유연성

– 막부 말기 지사, 사카모토 류마

■■ 류마의 유연한 머리

비가 오는 날 문득 생각난 일화가 있다.

비가 올 때 걷는 것과 달리는 것 중 어느 쪽이 젖지 않을까 라는 이런 의문이 생겼던 것은, 사카모토 류마를 떠올렸기 때문이다.

류마가 몇 명 동료와 걷고 있는데 갑자기 비가 내렸다. 동료는 저마다 "이것 참 난감하군!" 하고 소리치면서 제각각 달리기 시작했다. 하지만 류마는 혼자서 변함없는 페이스로 걷고 있었다.

뒤돌아본 동료가 "비가 오잖아, 어서 달려!" 하고 큰소리로 외쳤다.

그러자 류마는 "달려봤자 앞에도 비야." 하고 느긋한 말투로 말했다.

책에서 읽었는지, 누구에게 들었는지 기억이 나지 않지만 이 에피소드는 사카모토 류마의 일면을 나타내는 것으로써 빗속을 달릴 때에 종종 떠오르곤 한다.

어릴 때는 서당의 낙제생이었고 커서도 종잡을 수 없는 면을 가진 류마였는데, 에도 시대가 되어서 많은 사람을 만나고 여러 이야기를 듣게 되면서부터, 막부 말의 혼란스런 상황 아래서는 무엇이 중요한지를 이해했다.

이윽고 막부를 쓰러뜨리기 위해서 삿조 동맹을 실현시키거나, 사이고 다카모리에게 대정봉환의 구상을 꺼내게 된다. 그리고 막부 말에 누구도 누를 수 없는 인물이 되어가는데, 여기에는 류마가 유연한 머리로 사람의 이야기를 듣는 능력을 가지고 있었던 것이 크게 작용했다.

■■ 지론에 얽매이지 않고 듣는다

류마는 지론을 고집하지 않고 상대의 말을 알아듣는다는 장점이 있었다. 류마는 사물에 얽매이지 않는 시원스런 성격이었다. 이야기를 들을 때도 상대가 하는 말이 옳다고 판단하면 솔직하게 그것을 받아들인다.

가츠 가이슈를 만나러 갔을 때도 막신인 가이슈를 참수할 작정이었다. 하지만 만나서 이야기를 들어보니 그 훌륭함에 감동하고 그 자리에서 제자가 되고 만다.

가이슈도 류마를 높이 사서 사이고를 만나게 한다. 나중에 사이고의 인상을 묻고 이렇게 대답했다.

"작게 찌르면 작게 운다. 크게 찌르면 크게 운다. 사이고는 범종 같은 사람입니다."

사이고의 이야기를 제대로 듣고 본질을 간파한 결과 나온 한마디이리라. 가츠와 사이고의 이야기를 가장 잘 듣고 시대를 통찰하고, 세계까지 시야를 넓힌 사람이 사카모토 류마였다.

3. 제대로 듣고, 열심히 대답한다

- 프로 야구선수, 마츠이 히데키

■■ 마츠이 히데키 선수는 왜 높은 평가를 얻었을까

요즘 젊은 사람들은 좀처럼 남의 말을 제대로 듣지 않는다고들 한다. 하지만 남의 이야기를 듣는 것은 젊은이뿐 아니라 어른에게도 어려운 일인데, 이런 불만을 하는 '어른'은 자신의 문제점에 대해서는 신경 쓰지 않고 타인의 듣는 태도에만 분개한다.

그렇다면 남의 이야기를 제대로 듣게 되면 자신의 평가는 어떻게 변하는 것일까.

메이저리그에서 활약 중인 마츠이 히데키 선수는, 자이언트 시절부터 인터뷰를 성실하게 하는 선수로서 매스컴의 평판이 높았다. 그는 늘 기자와 정면으로 마주하고 대답한다.

"네. 좋은 타석이었다고 생각합니다."

"그렇죠, 맞지 않는 때도 있으니까요. 그래도 내일은 해낼 겁니다."

질문 하나 하나에 정성껏 대답하는 그의 자세는 이미 잘 알려져 있다. 텔레비전을 통해서도 그 진지한 자세는 전해지기 때문에 야구를 좋아하는 다양한 연령층의 지지를 받고, 텔레비전 중계의 시청률을 좌우할 정도의 인기 선수가 되었다.

메이저리그에 들어갔을 때, 과연 미국 야구계에 적응할 수 있을까 걱정했지만, 전통 있는 양키즈 구단의 수뇌진도 금세 높은 평가를 주었다.

"마츠이에 대해서는 전혀 걱정하지 않는다."

"팬을 소중히 여기는 그의 태도를 다른 메이저리거들도 배웠으면 좋겠다."

하고 해를 거듭할수록 신뢰를 얻고 있다. 여기에는 훌륭한 성적을 올렸을 뿐 아니라, 남의 이야기를 듣는 그의 성실한 태도가 크게 영향을 끼치고 있다고 생각해도 좋으리라.

제대로 남의 이야기를 듣는 것이 높은 평가로 이어지는 것은 동서양을 불문하는 것이다.

■ ■ 언제라도 제대로 대답한다

연속 삼진아웃을 당하고 낙담하고 있을 때도, 마츠이 선수는 "다음

시합에는 더 열심히 하겠습니다. 분명히 좋은 경기를 보여드릴 수 있다고 생각합니다." 하고 대답하며 웃는 얼굴을 보여준다.

인터뷰에 답하는 그의 이야기는 결코 재미로 말하는 것이 아니고 대답하는 방법도 지나치게 스마트하게 말하지도 않는다. 그럼에도 불구하고 사람들의 마음을 사로잡은 것은, 청자의 뒤에 많은 팬이 있다는 사실을 알고 있고 노력해서 열심히 말하려고 하기 때문이다.

재미있지 않은 것이 화제에 오르거나 사람과의 대화가 귀찮다고 느낄 때, 마츠이 선수의 이 진지한 자세와 듣는 태도를 떠올렸으면 좋겠다.

4. 이성과 감성의 양면을 들을 수 있는 사람
-야마토 트랜스포트의 CEO, 오쿠라 마사오

■■ 조용한 가운데 정열을 감추고 들어주는 사람

야마토 트랜스포트의 창업자인 아버지의 뒤를 이어, 사장이 되고 '쿠로네코 야마토 택급편'을 세상에 내보낸 것이 오쿠라 마사오(현 '야마토 복지재단' 이사장)다.

오쿠라 마사오의 생각을 가장 단적으로 표현한 것이 다음 말이다.

"나는 경영은 이론이라고 생각한다. 따라서 생각할 필요가 있다. 생각하고, 생각하고, 생각을 거듭한다. 그래도 모르는 일이 있다. 그럴 경우는 해보는 것이다."

택급편을 세상에 내보낼 때 그는 분명 많은 정보를 수집하고 분석하고, 생각하고, 생각하고, 생각을 거듭한 끝에 결단했을 것이다. 주위의 맹렬한 반대를 무릅쓰고 출발한 것은, 해보지 않으면 모른다고 판단했기 때문이다.

논리를 중요시하고 생각하는 것을 중시하는 자세는, 사람의 말을 들을 때에 잘 나타난다.

오쿠라 마사오의 말에 의하면, 논리란 말하자면 단순한 것이다. A가 B고 B가 C라면, A는 C라는, 극히 단순명쾌한 이야기다.

그런데 세상에는 A는 반드시 C는 아니다는 등, 까다로운 말을 하며 논리의 절차를 혼란시키고 복잡하게 만드는 사람이 있다. 'A=C' 라는 결론이 나왔는데, "일이라는 것은, 그런 단순한 것이 아니다."라고 말하는 것이다. 이는 억지로 말을 복잡하게 할 뿐이다.

오쿠라 마사오는 앞의 사고방식으로 국토교통성이나 우정국 등과 싸우고 규제완화를 요구해왔다. 상대의 발언은 냉정하게 듣지만, 이치에 통하지 않는 이야기에는 맹렬하게 반대를 주장하는 정열을 숨기고 있는 사람이다.

■■ 부하의 잠꼬대까지 들어주었던 전무

나는 대학 졸업 후 6년 동안, 야마토 트랜스포트에서 근무했었다. 당시 오쿠라 마사이는 그곳의 전무였다.

어느 날, 야마나카 호수의 보양소에서 관리자 연수가 있었고, 오쿠라 마사이가 강사로 왔었다. 사무국으로서 참가한 나는 과장과 함께 오쿠라 전무와 똑같은 방에서 자게 되었다. 저녁 식사 후,

취침 시간까지 우리는 방에서 회의를 했다. 나와 과장은 엄청 긴장을 했었다. 오쿠라 사무이는 우리의 이야기를 조용히 수긍하면서 들어주었다.

다음날 아침 식사 때에 오쿠라 전무는 "자네는 일을 열심히 하는군. 잠꼬대까지 일 이야기를 하였다네." 하고 웃는 얼굴로 나에게 말해주었다. 내가 지금까지도 이 일이 기억나는 것은, 이 한 마디가 무척 기뻤기 때문이다. 그는 논리만이 아니라 사람의 기분도 들어주는 힘을 가진 사람이었다.

5. 어떤 때라도 반드시 대답을 한다

-작가, 요시가와 에이지

■■ 요시가와 에이지가 실천한 일

사람과 사귀면서 번거로운 것은, 타인과의 만남이 불시에 이뤄지는 경우가 있기 때문이다. 기분이 좋거나 한가한 때라면 상관 없지만, 바쁘고 정신이 없을 때도 있다. 또한 뭔가에 열중하고 있을 때는 그것을 중단하고 싶지 않을 것이다. 그렇지만 현실은 그렇지 못하다.

《태각기》《미야모토 무사시》라는 작품으로 알려진 요시가와 에이지는, 장편소설만으로도 80편을 펴낸 국민적인 작가다. 항상 몇 권이나 연재를 하고, 생전에는 바쁘기 그지없는 생활을 보내고 있었을 것이다.

그런 요시가와 에이지에게 다음과 같은 에피소드가 있다고 한다.

요시가와 에이지는 밤부터 새벽에 걸쳐서 영감을 떠올리고는 책상에 앉아 특급열차처럼 원고용지 위를 내달리고 있었다. 해가 뜨고 식구들은 아침 준비로 분주했다. 그리고 학교 갈 준비를 한 아이들이 작업 중인 요시가와 에이지의 방문을 열고 "다녀오겠습니다." 하고 인사하러 온 것이다.

요시가와 에이지의 연필은 그때 최고조에 달하고, 여기서 연필을 놓은 일은 실로 아까웠다.

하지만 여기서부터가 요시가와 에이지의 진면목이자 듣는 것의 힘이 발휘되는 것이다.

그는 반드시 고개를 돌아보고 웃는 얼굴을 띄우면서 대답을 했다.

"잘 다녀와라."

그리고 한마디 덧붙인다.

"밖에 비가 오는 것 같으니까, 신호등을 건널 때는 조심해라."

밖에는 차가운 비가 내리고 있다. 하지만 아버지의 이 한마디로 아이들의 마음은 따뜻해졌을 것이다.

■■ 듣는 일이 자녀 교육의 기본

우리들의 일상을 돌이켜보면 갈수록 맞벌이 부부가 많아지고 다들 바쁘기 그지 없다.

일에 가사에 쫓기며, 아이들이 말을 걸어도 "시끄러워." "나중에" 하고 들으려고 하지 않는 부모가 늘고 있다. 이렇게 되면 아이들의 마음은 차가워지고, 내성적으로 변한다.

아이가 부르면 뒤돌아보고 대답을 하고 한마디 덧붙인다. 요시가와 에이지가 실천한 것을 지금 다시금 점검해볼 때일 것이다.

6. 작은 속삭임도 빠뜨리지 말고 듣는다

- 영화감독, 스티븐 스필버그

■■■ 영화 〈ET〉의 라스트신

미국은 물론 전 세계적으로 히트를 친 영화 〈ET〉를 언제쯤 보았는
지는 기억나지 않지만, 몇 개의 신은 생생하게 기억한다.

특히 마지막 장면이 인상적이었다. 마지막에 ET가 우주로 돌
아가려고 할 때 주인공 소년이 "Stay!" 하고 외쳤다. 자막에서는 "가
지 마!"로 나왔던 것 같다. 이 신이 지금도 선명하다.

나는 화술 강사의 선배인 구와무라 노부가타가 죽었을 때, 이
'Stay' 라는 말을 떠올리며, 다음과 같은 조문을 썼다.

"사람은 누구나, 이 세상에 머물고 있다. 돌아가야 할 곳에 돌아
가지 않으면 안 된다. 하지만 구와무라 선생, 가지 말고 있어줘요."

■■ 웃는 얼굴만으로도 훌륭하게 듣는 것

〈ET〉의 감독인 스티븐 스필버그는 이야기 듣는 일을 매우 중시하는 사람이다. 내가 그 사실을 안 것은 미국 배우양성학교 '액터스 스타지오' 의 교장인 제임스 리프톤의 인터뷰 프로그램에서였다.

그날 밤, 귀가해서 텔레비전 앞을 지나다가 무심코 텔레비전 화면을 보았다. 화면에는 어린 아이 같은, 사근사근한 빛이 나는 듯이 웃는 얼굴이 비춰지고 있었다.

무심코 멈추자 아내가 "스필버그에요." 하고 가르쳐주었다. 스필버그에게 인터뷰를 하고 있는 것이 리프톤이었다. 둘은 제법 호흡이 맞고 즐거운 듯했다.

이윽고 리프톤은 준비한 열 가지 질문을 스필버그에게 시작했다.

그 가운데에 "싫어하는 사람은?"이라는 질문이 있었다.

스필버그는 망설임 없이 "귀를 기울이지 않는 사람." 즉 "이야기를 듣지 않는 사람."이라고 대답했다.

"이야기를 듣지 않는 사람은 아무것도 배울 수 없고 비약할 기회를 잃는다. 이야기를 듣지 않는 사람은 사람과 관계하려고 하지 않는, 차갑고 외로운 사람이다."

그는 이와 같이 말했다.

그가 양친으로부터 배운 것 중에서, 가장 중요한 것이 '귀를 기울이는 것' 이었다고 한다. 특히 흘려버리기 쉬운 작은 속삭임에 귀를 기울이는 일이었다고 한다.

스필버그의 빛나는 듯한 웃는 얼굴을 본 것만으로, 그가 훌륭한 청자라는 것을 나는 직감했다.

7. 이야기의 흐름을 확실히 붙잡는다

- 평론가 다케무라 겐이치

■■■ 대화의 명인은 흐름을 붙잡는 것에 능숙하다

세상에 논객이나 웅변가로 불려지는 사람들은 많다. 그들이 뛰어
난 이유는 결코 흐르는 듯한 말투나 논리적인 이야기 전개, 날카로
운 언변, 세련된 경구나 명언을 인용하는 기교 때문만은 아니다.

　이러한 말이 효과적으로 울리도록 이야기의 흐름을 읽고 말하
는 타이밍을 잡는 방법에 있다. 타이밍 좋은 발언이 한층 언어의
힘을 증가시키는 것이다.

　말을 할 때 훌륭한 연출력이나 표현력을 갖추는 것이 무엇보다
중요하지만 가장 중요한 것은 '지금, 무엇을 말해야 하는가'를 순
간적으로 알아차리는 것이다. 아무리 명언이나 달콤한 조크를 덧

붙여서 말해도, 타이밍이 나쁘면 실소를 살 수 있기 때문이다. 물론 타이밍 좋은 발언을 하기 위해서는 이야기의 흐름을 확실히 듣고 있지 않으면 모른다.

그 의미에서 대화의 명인 혹은 언변이 선 사람이란, 틀림없이 말을 잘 듣는 사람이라고 말해도 좋으리라. 평론가인 다케무라 겐이치도 그런 사람 중 하나다.

■■ 그의 '딴청'은 이야기를 듣기 위한 눈속임

다케무라 겐이치는 캐나다 사회학자 맥루한의 미디어 이론을 재빨리 일본에 도입해서 주목을 받고, 이후 현재까지 매스컴을 떠들썩하게 만든 인물이다.

그렇지만 그가 말을 잘 듣는 사람이라고 하면, 고개를 갸웃하는 사람도 많을 것이다.

왜냐하면 텔레비전에서 보이는 그의 모습은 "알아 안다고." 하는 독특한 관서 사투리와 상대를 무시하는 듯한 태도를 보이기 때문이다. 또 다른 사람이 발언하고 있을 때는 딴청을 피우거나, 손에 쥔 파이프를 보고 있어서 대체로 남의 말을 듣고 있어도 재미있지 않다는 모습으로 보인다.

그런데 그러면서도 상대의 발언이나 논의의 흐름을 실로 잘 듣고 파악하고 있다.

언뜻 보기에 그의 태도는 눈앞의 표면적인 언어의 교환에 휘말

리지 않고, 어느 정도 거리를 두고 냉정하게 이야기의 요점과 흐름을 읽기 위한 눈속임인 것이다.

따라서 대화를 이끌고 있는 화자가 말이 막혔을 때, 이야기가 꼬여서 참가자의 머리가 혼란스러워지기 시작할 때 등, 목표를 맞춘 한 마디를 던져서 논의의 흐름을 자신 쪽으로 끌어당긴다.

예의가 없는 태도까지 닮을 필요는 없지만, 이야기의 흐름을 붙잡고 목표를 벗어나지 않게 발언하는 능력은 몸에 익혀두면 도움이 된다. 최근 다케무라의 발언에는 독이 없어진 것처럼 보이지만 이것도 그의 뛰어난 눈속임이 아닐까.

8. 이야기하기 전에 듣는다

– 미츠비시종합연구소 특별고문, 마키노 노보루

■■■ 공을 세우고, 이름을 떨쳐도 역시 '듣는 것'이 먼저

마키노 노보루는 회사를 경영하는 동시에 연구자로서 일본의 제조업에 공헌해온 사람이다. 1921년에 태어난 그는 바로 최근까지 회사에 얼굴을 내밀고 있으며, 현재도 자택에서 일을 하고 있다고 들었다. 그리고 수년 전까지 경영, 경제잡지에서 정기적인 대담 포스트를 담당하고 있었다.

언젠가 그의 대담을 방청했던 지인에 의하면 대담 상대인 젊은 경영자에 대해서, 마키노 노보루는 싱글벙글 웃으면서 질문을 던지고, 이야기를 끌어냈다고 한다.

"당신 회사의 강점은 ○○라고 생각하는데, 본인은 어떻게 생각합니까?" "그 강점을 어떻게 살리려 하고 계십니까?" "지금 ○○ 혁신이 화제가 되고 있는데, 앞으로 어떠한 방향으로 갈 것이라고 생각합니까?"

처음에 대선배를 상대로 긴장하고 있던 상대도 사전 조사를 충분히 한 마키노의 질문에 서서히 열기를 띠우고, 이야기는 고조되었다. 대담이 끝나고 지인이 마키노에게 물었다.

"상대에 대해서 조사하고 이야기를 끌어내는 작업은 대단하며, 오히려 마키노 씨 쪽이 자세해서 결국에 가르쳐주고 싶어지겠지요?". 그러자 마키노 노보루는 대답했다.

"나도 공부를 하고 오지만 역시 현장의 경영자에게 직접 물어보지 않으면 사실은 모르기 때문이죠. 게다가 충고를 해준다고 해도 그건 상대의 말을 듣고 나서의 일이지요."

■■ 상대는 무엇을 바라고 있는가

마키노 노보루는 미츠비시종합연구소라는 싱크탱크에서 컨설턴트 집단을 총괄하고 있다. 또 2004년 여름까지는 일본 파이낸셜 플래너즈 협회의 이사장도 역임했다. 파이낸셜 플래너란 가계에 관한 컨설턴트라고 하면 좋을 것이다. 은행이나 증권회사의 사원이나 그 출신자들이 많은데, 자신의 지식을 살려서 고객에게 자산운영 등의 어드바이스를 하고 있다.

컨설턴트도 파이낸셜 플래너처럼 곤란에 처한 사람을 상담하는 일이 주 업무다. 자신의 장점 분야에 대해서, '상대는 어떻게 하고 싶은가' 하는 점을 제대로 듣는 일은 꽤 인내를 요한다. 바로 '이렇게 하면' 하고 말하고 싶어질 것이다.

만약에 당신이 가르치는 입장에 있는 사람이라면 마키노 노보루의 듣는 태도를 익혀두면 좋을 것이다. 즉 '이야기하기 전에 듣는다.'는 태도다.

9. 어떤 상대의 입도 가볍게 하는 천재

- 탤런트, 아카시야 산마

■■■ 아이스 브레이크에 가장 좋은 웃는 얼굴

듣는 것이 중요하다고 해도, 그저 듣고 있다고 좋은 것은 아니다. 이쪽이 잠자코 있으면 상대도 이야기하기 어렵다. 침묵이 지속되면 서로 어색해져서 도저히 대화가 무르익는 방향으로는 진행되지 않을 것이다. 이야기에는 무언가 계기가 필요한 법이다.

그런 얼음장 같은 딱딱한 분위기를 깨는 계기를, '아이스 브레이크'라고 부른다. 특히 처음 만나는 자리에서는 빼놓을 수 없는 대인 테크닉이다.

여기에는 우선 '당신을 받아들입니다' 하는 분위기를 만들도록 웃는 얼굴 인사나 가벼운 대화의 교환으로 긴장을 푸는 등, 몇 가지 방식이 있다. 그것들을 극히 자연스럽게 몸에 익힌 행동으로 해내는 사람이 아카시야 산마다.

그의 이야기 상대는 자기보다 훨씬 나이가 어린 중고등학생부터, 아저씨, 아줌마까지 다양하다. 그래도 그는 '당신과 이야기하는 것이 즐겁다.'는 웃는 얼굴로 상대를 끌어들여 즐거운 일, 슬픈 일, 화나는 일, 좋아하는 일 등 상대의 가슴에 품고 있는 이야기를 이끌어낸다.

■■ 풍부한 맞장구의 변화

이야기하는 일에 익숙하지 않은 사람에게 남과 이야기하는 것은 무서운 일이기도 하다. 말하고 싶은 것은 있어도 입 밖에 꺼내는 일에는 용기가 필요하다. '이런 이야기를 해서, 비웃음을 당하지 않을까' '나에겐 중요한 일이지만, 흥미를 가지고 들어줄까.' 하는 '망설임'이 있기 때문이다.

그런 망설임이 상대의 얼굴에 떠올랐을 때, 산마에게는 그 마음의 움직임을 캐치하는 센서가 있는 것이다. 틈을 두지 않고 한 마디를 던진다.

"당신, 뭔가 재미난 일이 있는 것 같은데."

"자네, 뭔가 틀리다는 얼굴을 하고 있네."

이것으로 대부분의 상대가 망설임의 벽을 깨고 이야기하기 시작한다.

나중에는 "어머, 정말?" "그래요. 그렇담, 나도 그렇게 생각해요." 하는 맞장구로 화제를 점점 넓혀간다. 그러면 화자는 '오늘은, 생각하는 것을 과감하게 말했다.' '말하고 싶은 것을 전부 들어줬다.' 하고 만족감을 맛본다.

아카시야 산마의 경우 맞장구의 변화가 풍부하다. "그래, 그래." "거짓말이지?" "깜짝 놀랐잖아." 상황에 걸맞은 맞장구 상대가 활기차게 이야기할 수 있도록 한다.

10. 남의 말을 즐겁게 듣는 사람은
말을 잘 듣는 소질이 있다

■■ 여러 가지 스타일의 듣는 방법

앞서 예를 든 아홉 명은 제각각 다른 개성을 가지고 있고, 듣는 능력을 발휘하는 방법도 다양하다.

구로야나키 데츠코처럼 이야기를 잘하는 사람, 말하기를 좋아하는 사람이라고 보이지만 스스로 말을 잘 듣는 사람이라고 말하듯이, 어느새 듣는 역할로 돌아가서 열심히 이야기를 듣고 있는 스타일의 사람도 있다. 호기심이 강하고 상대에 대한 흥미, 관심이 있기 때문에 자신도 이야기 하고 금세 열성적으로 듣는 역할을 할 수 있는 것이다.

양키즈의 4번을 맡을 만큼 성장한 마츠이 선수에게는, 벌써 품

격까지 느낄 수 있다.

그러면서도 인터뷰에 응하며 늘 성실하게 대답하는 모습에는 신인선수와 같은 겸허함도 있다. 제대로 듣고 성실하게 대답하는 스타일은 변하지 않는다. 기자도 완전히 친해졌는지, 질문을 즐기면서 듣고 있는 것처럼 보인다.

언제나 조용히 싱글싱글거리면서 이야기를 듣는 사람도 있으며, 때론 일부러 딴청을 피우며 듣는 사람도 있다. 장단을 넣는 일을 잘하는 사람도 있으며, 고개를 끄덕이는 데 선수인 사람도 있다.

■■ 마음의 여유가 듣는 방법을 결정한다

각인각색이라고 말했지만, 사실 앞에서 나온 사람들의 공통점은 바로 '여유'가 아닐까 싶다.

오쿠라 마사오처럼 관청과 싸우고, 높은 벽을 뛰어넘어온 사람에게는 '이야기를 즐기면서 듣는다'고 말하면 야단맞을지 모르지만 냉정함을 잃지 않고, 논리의 이치를 따라서 이야기를 듣는 일은 여유가 없으면 할 수 없는 일일 것이다.

마키노 노보루처럼 스스로 실천하고 연구해온 분야의 이야기를 들을 경우에, 자신의 의견이나 주장을 자제하고 듣는 역할을 맡는 것 또한 여유가 없으면 불가능한 일이라고 생각한다.

비즈니스의 세계에서도 진정한 실력자는 조용하고 부드러우며 말하기보다 듣는 것을 우선하는 사람이 많다. 아마 어떤 분야의 사람에 대해서도 이것은 모두 해당할 것이리라.

여유란, 다양한 시각에서 사물을 보고 이야기를 듣고 생각할 수 있는 힘이 갖춰진 마음의 상태가 아닐까. 이 여유가 있는 사람들은 즐겁게 상대의 이야기를 듣는다. 듣는 일로 자신의 지식이 늘어간다는 기쁨을 가지고 듣는다. 이것이 상대에게 전해져서 상대는 기분 좋게 이야기해준다. 이왕 똑같이 듣는 것이라면 그러한 태도를 갖춰나가는 것이 좋을 것이다.

먼저 들어라

| 펴낸날 | 초판 1쇄 2007년 11월 22일 |
| | 초판 3쇄 2010년 5월 25일 |

지은이	**후쿠다 다케시**
옮긴이	**구혜영**
펴낸이	**심만수**
펴낸곳	**(주)살림출판사**
출판등록	1989년 11월 1일 제9-210호

경기도 파주시 교하읍 문발리 파주출판도시 522-1
전화 031)955-1350   팩스 031)955-1355
기획·편집 031)955-1387
http://www.sallimbooks.com
book@sallimbooks.com

ISBN   978-89-522-0755-5   03320